元国税局職員で現役東大生芸人が頭のいい人たちから学んだ

ひとり暮らしのお金大全

Thank You Kurata
さんきゅう倉田

KADOKAWA

自動的に貯金ができるシステムをつくりましょう。
やり方は簡単です。
銀行の口座を2つ、つくること。

ある程度の貯金ができたなら、貯まったお金を使って、
投資や、仕事の効率化を図ります。
お金が貯まったからこそできる、
より有効なお金の使い方があります。

まえがき

月末になるとお金がなくなる。

貯金をする気持ちはあるのに、まったくお金を貯《た》められない……。

そういう悩みをもつ人は多いと思います。

どうしてそうなるのかといえば、理由はわかりやすい。

毎月の支出が収入を超えているから。

自分の支出がどうなっているかを把握してないから、です。

今回、この本をまとめるにあたり、X（旧ツイッター）で「毎月の生活費を把握していますか？」という質問をしてみました。

結果からいえば、「している」が33・3％で、「しているし、予算も決めてる」が7・7％。「していない」が56・5％となりました（「その他」2・5％を含め、回答してくれたのは549人）。

ぼくのXをフォローしてくれているのは基本的に「税金」、「節約」、「効率化」、「勉強」などに興味がある人たちなんだと思います。それでも生活費を把握しているのは約4割で、把握していない人たちが6割近くいたわけです。

もっと広い範囲でアンケートを取ったなら、把握していない人の割合はさらに増えると予想されます。

そうであるなら、どうすればいいか？

答えはシンプルです。問題点を修正すればいいだけです。

この場合でいえば、毎月の生活費を見直すこと。

お金の出入りを「見える化」すればいいわけです。

その方法も簡単！　1か月だけでもいいから家計簿をつけてみる。

面倒くさいと思った人でも大丈夫です。この本のなかでも紹介する便利なアプリを使い、細かくではなく、ざっくりとメモするだけでいいからです。

支出の見える化を行えば、どこにムダがあるかがひと目でわかります。

支出のなかで抑えられるポイントが見つかれば、支出が収入を上回る事態を避けられます。それだけでなく、収入と支出の差額を大きくして、余剰分を貯金に回せます。

理想は、収入より支出を小さくすることを前提にして〝毎月の貯金額〟を先に決めてしまうことです。

収入から毎月の目標貯金額を引いて、その金額を支出していい額だと考えるようにする。そうすれば毎月の貯金が確実になります。

毎月、貯金ができるようになり、預金残高が増えていけば、ものすごく楽しいはずです。ぼくが使っている家計簿アプリは銀行口座にも紐《ひも》づけられるので、いつでも残高を確かめられます。残高を示す棒グラフが伸びていけば、それだけで嬉《うれ》しくなります。

貯金ではなく「投資」をするという考え方もあります。

いまの世の中では、貯金をしていても利子らしい利子はつかないのに、投資であれば、年率で10％、20％という利回り（リターン）が出ることが期待できます。

「投資は怖い……」という人も多いでしょうが、リスクを抑えた投資もあります。

毎月、固定額を貯金していくのと同じ考え方で、決まった額を投資信託などの金融商品に積み立てていくようにします。投資した金融商品の価値が上がり続けていたなら、**利回りによって増えた分についても利回りがつく〝複利効果〟**が発揮されます。

たとえば、毎月1万円ずつ20年間積み立てていたとすれば、２４０万円になります。その20年間、年率10％の利回りが続いていたとします。その場合、20年後に２４０万円は1・10倍の２６４万円になるわけではありません。計算すると、７５９万円になっていることがわかります。

それが複利効果です。

元本割れするリスクはあるにしても、こうした結果が出ることへの期待のほうが大きい。初めて複利を知った人は「まるで魔法のようだ！」と驚きます。

これまでのひとり暮らしを親に支えてもらっていたのだとすれば、この先の生活を支えるのは投資です。

特別な才能やテクニックなどが求められるわけではありません。

問われるのは〝**早く始めて、長く続けたか**〟ということだけです。

もしあなたが20歳だとしたなら、20年後に40歳の自分から怒られないためにはどうすればいいのでしょうか？

答えはひとつ。いま始めることです。

やらない理由はありません。それがいまの時代の投資です。

今回の本では、単に貯金や投資を勧めているわけではなく、日々のやりくりの見直しから話を始めています。

家計簿の見直しによって、使わずに済むお金をまず増やす。

それを貯金か投資に回すようにすればいい。

浪費を続けるか、投資を始めるか？

どちらを選ぶかによって、将来がまったく違ったものになるのは間違いありません。

この本では、「大学生」、「新社会人」、「アラサー世代」を主な読者対象として、それに合わせて解説も分けています。しかし実際は、それぞれのパートに書いている内容は、年齢、性別、属性を問うことではありません。どのパートのなかにも誰にとっても参考になるような情報やトピック、テクニックを詰め込んだつもりです。

ぼくはいま東大生になっているので、現役東大生たちのリアルな様子も確認できています。十何年か前までは日大生だったんですが、その頃とは大学生の暮らしもずいぶん変わったという実感があります。

〝お金に関して他人がどうしているか〟はなかなかわからないものです。

でも、人がどうしているかを知れば、「自分は間違っていなかったか」、「これからどうしていくべきか」を見直していけます。

みなさんに役立ててもらえるようなＴｉｐｓ集になればと考えて全体を構成しました。

くださいね。

「このやり方はいいな!」と思えるものが見つかったなら、今日からぜひ実践してみてください。

悪い習慣をあらためて、いい習慣を身につければ、お金に困らないようになり、お金が貯められます。

来月もお金に窮した月末になっているのか?
貯金ができているのか?
20年後に投資で増やしたお金を手にできているのか?
ひとり暮らしをどのようにデザインするか考えてみましょう。

元国税局職員で現役東大生芸人が頭のいい人たちから学んだ
ひとり暮らしのお金大全

目次

第2章 大学生から始めれば大きく差がつく

知らないと損する 大学生にも社会人にも効く節約術 ……76

第3章 新社会人で投資は前提にする

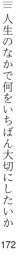

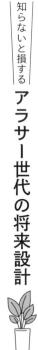

第5章 「悩み」は自分の幸せを見直すチャンス

社会人からの質問 QA …………198

生活と節約についての質問 QA …………202

貯金や投資についての質問 QA

第1章

お金に困らない原則編

気になる現実

ひとり暮らしの家計簿

ひとり暮らしには罠《わな》やトラブルがいっぱい！

親元を離れてひとり暮らしを始めると、「あれ!?」と戸惑うことが多いはずです。

大学生や新社会人なら社会経験もないまま、世帯主とシュフ（主婦／主夫）を兼ねることになり、経理担当までを務めることになるのだから当然です。

ひとり暮らしを始めたばかりの頃は親に相談することを避けたがり、わからないことをわからないままにしがちです。

そのため回避できたはずの失敗も重ねていきやすい。

お金に関するトラブルに遭う可能性もあります。

マルチ商法などに勧誘される大学生が少なくないのは、リテラシーがなくガードがあまいので狙われやすいからだと思います。

ぼく自身のひとり暮らしデビューは20代と遅かったのですが、遅かったからこそ困ることが少なかったのかもしれません。実家暮らしだったひとつめの大学時代から、ひとり暮らしをしている人たちの様子を見てこられたからです。

うまく生活して貯金ができていた同級生や同僚のことを知っているだけでなく、借金まみれになっていた芸人も知っています。成功例と失敗例の双方を見てきたからインプットできたことは多かった。

国税局職員から芸人に転身し、いまは東大生にもなっているので、現役大学生たちと接することで情報のアップデートもできています。

今回、この本では、ぼくの得意分野でもあるお金に関することについて、現実がどうなのかを示していきながら、ぼく自身、あるいはぼくが知っているできる人たちが〝どのようにしているか〟を紹介していきます。

「損をしないためにはどうすればいいのか」、「得をするにはどうすればいいのか」というヒントにもなるはずです。

読んでくれた人が、世の中の落とし穴にハマらず、お金のことで失敗しないで済んだならいいなと思っています。

最初の部屋は「2畳」。そこを選んだ理由は……

ひとり暮らしは、部屋選びから始まります。

ぼくの場合、渋谷のヨシモト∞ホールが活動拠点になっていた頃にひとり暮らしを始めることにしたので、部屋を探す際の条件はほぼ一点でした。電車に乗らず、歩いてヨシモト∞ホールに行けることです。

芸人は個人事業主なので、**費用対効果を考えながら動く必要が**あります。

会社勤めやアルバイトをしていると交通費が支給されるのに対し、個人事業主にとって、交通費は経費です。経費を抑えなければ、同じギャラの仕事をしていても、単位時間で考えた実入りは落ちてしまいます。そのため、いちばんよく活動していた場所（勤務先）へ徒歩で行ける圏内に住むことを絶対条件にしていました。

移動時間は、できるだけカットしたいコストです。

打ち合わせなどでも相手の会社まで行かずにオンラインでやれるならオンラインにしたほうがいいと思っています。対面での打ち合わせのほうがいいときは移動時間を短くできるように工夫しています。

お金を貯められる人は〝時間の節約意識〟が強く、お金を貯められない人は時間を浪費することが多い。そんな傾向はハッキリとしています。


小さな時間の浪費も、積み重ねていけば長大な時間になります。

東京では通勤時間に片道1時間以上かけている人も少なくありません。家賃が高いので仕方がない部分もあるとはいえ、往復すれば1日2時間です。週5日として10時間。1か月で40時間、1年で480時間になります。

それだけの時間を浪費していていいはずがないと思いませんか？

ぼくは常々、時給を考える意識をもっています。だからこその徒歩圏内です。

最初に選んだ街は代官山でした。家賃は5万円台です。

代官山で5万円台の部屋があるのか!?と驚かれるかもしれません。

部屋の広さは2畳で、ヨシモト∞ホールまでの近さと家賃で決めました。

バス、トイレ、洗面台が一体化したユニットバス（3点ユニット）はついていました。共同トイレは嫌だったので、そこは譲れないポイントでした。

2畳の部屋は珍しいということで、2回ほどテレビで紹介されたので、芸人としては正しい選択だったと思っています。

東京家賃事情

東京の場合、街によって家賃の相場はずいぶん変わります。

たとえば渋谷区では、ワンルームでも10万円以上になりやすい。港区なら13万円以上が相場になりますが、足立区や江戸川区なら6万円台、立川市や八王子市なら5万円や4万円台でも見つけられるようです。

収入から家賃を考えることも大切です。

「**家賃は手取り収入の3割が目安**」ともいわれています。

ぼくが代官山に住み始めた頃は、アルバイトも含めて1か月20万円前後の収入でした。20万円の3割は6万円なので、その意味では基準に合っていたことになります。

代官山の部屋には3年半ほど住みました。当時は部屋の狭さをまったく苦にしていなかったけれど、いま現在、あの部屋に戻れるかといえば難しい。

どうしてかといえば、荷物が増えたから。

いまの蔵書などを持ち込んで2畳間で暮らすのは物理的に不可能です。

次に引っ越したのは、ヨシモト∞ホールまでもう少し近い南平台町でした。

町名はマイナーながら、豪邸も多く建つ渋谷区の住宅街です。

今度はワンルームの普通の部屋でした。

代官山に住んでいたときから、毎月の固定収入ができたらその分を家賃に回そうと考え実現しました。

その後、受験勉強中に、大学の近くに引っ越しました。

これまでにしてきた引っ越しはその2回です。

引っ越しはできるだけしないほうがいい

引っ越し回数は、できるだけ減らすようにするのが経済的です。

礼金・敷金の相場はそれぞれ1か月分とされます。仲介手数料の相場は家賃の半月〜1か月分です。そのうえ新しく住む部屋の前家賃と、それと重複するかたちでそれまで住んでいた部屋の家賃も必要になるので、**数か月分の家賃が必要**になります。

家賃5万円で4か月分が必要なら20万円ですが、家賃10万円で7か月必要となれば、それだけで70万円です。

荷物を運ぶのに業者を使えば数万円から十数万円くらいします。家具を買い替えれば、100万円近く必要かもしれません。

礼金は文字どおりお礼のお金（謝礼）なので返ってきません。一方、敷金は何かあったときのために大家さんに〝預けておくお金〟です。

そのため、家賃の滞納などがなければ部屋を出て行くときに返金してもらえてもいいはずなのに、実際は原状回復費用（部屋の修復費）にあてられる場合が多い。敷金が戻ってこないのは普通のことだとあきらめてしまう人も多いようです。

敷金が戻ってこないどころか、「修復のための追加費用」を請求されるケースも少なくないのが現実です。

しかし泣き寝入りすべきではありません。

部屋を修復する際、賃貸人（大家）と貸借人（入居者）、どちらの負担にすべきかを判断できるガイドラインもあります。

たとえば日常生活を送っていたことによる畳の変色やフローリングの色落ちは大家負担で、タバコのヤニによる汚れや臭いは入居者の負担になる――といったことなどが定められています。

こうしたルールを知っていれば、不要なお金は払わずに済みます。

管理業者から「敷金は返せない」、「追加費用がこれだけかかります」と言われたときには、**必ず費用の内訳書を見せてもらうようにしてください。**

大学生の1か月生活費

生活に必要なのは家賃だけではありません。

全国大学生活協同組合連合会が2023年秋に実施した「第59回学生生活実態調査」によれば、**ひとり暮らしをしている大学生の生活費の平均は、家賃込みで毎月12万7500円**となっていました。

内訳を見ると、まず住居費が5万4130円です。

食費は2万5880円となっており、この額はかなり少ない。

2万5880円を30日で割れば1日約860円です。

1日3食をとるなら1食当たり300円もかけられません。いまはラーメンでも1000円くらいする世の中です。

人によって食費に関する考え方はさまざまです。

「朝は食べない」、「学食を利用する」、「自炊する」などの工夫によって実現されているのかもしれません。

サラリーマンの場合は……

同じひとり暮らしでも、社会人になると、家計のあり方は違ってきます。

年齢差や地域差の問題もあり、統計からは実態が読み取りにくくなりますが、2023年の総務省統計局「家計調査」によれば、賃貸物件（民営借家）に一人で暮らしている場合、**1か月の消費支出合計は平均18万9252円**。平均住居費は5万3691円となっていました。

食費の平均は3万9202円です。

産労総合研究所の調査によれば、**2024年度の大卒初任給額は22万5457円**となっていました（別の機関の調査では約24万円という数字も出されています）。

額面23万円の給料であれば、所得税、住民税、健康保険、厚生年金、雇用保険、介護保険が引かれて、**手取りは18万円くらい**になります。

家計調査の1か月の消費支出合計とおよそ同額です。

調査結果どおりに考えるなら、収入がそのまま毎月出ていき、貯金などには回せない計算になります。

都内23区の20代ひとり暮らしに絞れば、住居費を5万円程度に抑えるのはなかなか難しく、食費もさらに出ていきやすくなるはずです。

交際費や衣料費も増えるでしょう。

住居費を抑えるか、食費を抑えるか、他を抑えるか。

そういう選択をすることから始めて、ある程度の緊縮財政にしていく必要がありそうです。

知らないと損する

ひとり暮らしの貯金と節約

20代社会人の貯金と大学生の貯金

貯蓄額のデータを見ると、**20代単身世帯で平均値が１７６万円、中央値が20万円**となっていました（金融広報中央委員会による２０２２年調査）。

平均値は、すごく貯金している人からまったく貯金していない人までの貯金額を足してサンプル数で割ることで算出されます。

中央値は、貯金額の大きい順から並べていったときに真ん中に位置する数字です。サンプルのなかに１億円貯金している人がいた場合、平均値はその数字に引っ張られやすいのに、中央値ではそれがなくなります。

そこから考えれば、**「20万円くらいの貯金になっている人が多数派」**といった見方ができそうです。

貯蓄（金融資産保有額）の平均と中央値

		平均（万円）	中央値（万円）
全　国		**871**	**100**
年令別	20歳代	176	20
	30歳代	494	75
	40歳代	657	53
	50歳代	1,048	53
	60歳代	1,388	300
	70歳代	1,433	485
年間収入別	収入はない	334	0
	300万円未満	682	50
	300～500万円未満	796	200
	500～750万円未満	1,988	600
	750～1,000万円未満	3,054	1,283
	1,000～1,200万円未満	4,428	2,154
	1,200万円以上	3,984	3,300
	無回答	—	—
地域別	北海道	439	0
	東北	813	30
	関東	914	110
	北陸	1,134	98
	中部	869	92
	近畿	1,127	145
	中国	689	120
	四国	1,075	25
	九州	583	50

※ 金融広報中央委員会「｢家計の金融行動に関する世論調査［単身世帯調査］（令和４年）」より作成

前出の「第59回学生生活実態調査」によれば、**大学生は1か月に平均約1万5000円貯金**しているようです。

これを続ければ、1年間で約18万円、4年間で約72万円の貯金になります。しかしそれだけの貯金をもって卒業・就職できているのかといえば、そうではないようです。

大学生は、卒業旅行やサークル旅行などに備えて貯金している場合が多いので、そこで使ってしまうからです。というよりも、それを目的に貯金している学生が少なくないはずです。個人的にはそれでいいと思います。将来のことを考えて貯金する意識をもつのは社会人になってからでも遅くはないからです。

ぼく自身、卒業旅行には3度行きました。大学生のあいだしか経験できないこと、あるいは20代などの若いうちにしか経験できないことがあります。4年間で72万円貯金することを目指すより、そういう経験のためにお金を貯めて、お金を使う。

価値のあるお金の使い方だと思います。

「ラテ・ファクター」と節約

どの部分で節約をすればいいかで頭を悩ませる人は多いのでしょう。

ぼくはもともとあまりお金を使わないほうなので、節約よりも〝いかにお金を稼ぐか〟を考えるタイプです。

だからといって、節約をしないわけではありません。

たとえば以前のぼくは、毎日コンビニのコーヒーを買って飲んでいました。しかし、あるとき思い立って、ハリオのコーヒーセットを買いました。ハリオは耐熱ガラスで有名なメーカーで、サーバーセットやミルなども出しています。

コーヒーセットの購入以来、毎日、コーヒー豆を挽《ひ》くところから始めて、自分でコーヒーを淹《い》れるようになりました。

コンビニの半分の価格で、より美味しいコーヒーを楽しめます。

いろいろな豆を試すことができ、コーヒーに詳しくなれたので、いい決断をしたなと思っています。

コンビニのコーヒーは120円くらいですが、カフェで飲めば450円くらいします。毎日のように飲んでいるとすれば、週5日として2250円、1か月で9000円になります。

1年なら10万円を超えます。

年間10万円くらいならいいや、と思う人もいるかもしれません。しかし、ここにコンビニでのちょっとした買い物（とくに必要ではないおやつや飲み物などの購入）も加えれば、月額、年額では、それなりの額になっていきます。

アメリカのベストセラー作家で、日本でもよく知られているデヴィッド・バックさんは、**「ラテ・ファクター」**という言葉をつくって、そうした日々の小さな出費（習慣）を見直していけば人生を変えられる、という考え方を説いています。

使っていないサブスクを解約しないのは愚の骨頂

カフェやコンビニを利用するのがいけないと言っているわけではありません（ぼくもコンビニはよく利用します）。

しかし支出についてよく考え、コントロールしようという意思がない人は「月末になるといつもお金がなくなる」、「お金が貯められない」となりやすいのは間違いありません。

スポーツジムや動画配信のサブスクなどを契約していて、**まったく利用していないの**

に解約もしていない、といった話を聞くことがあります。
家計を考えるなら愚の骨頂です。心当たりがある人は、こうしたところから見直してみるのがいいのではないでしょうか。

以前、先輩に「お金持ちに共通することはなんですか？」と聞いたことがあります。その先輩自身も裕福だったうえにお金持ちの知り合いも多いことを知っていたからです。

先輩の答えは簡単でした。
「金持ちはみんなケチやな」というのです。
さらに「**しなくていい支払いは徹底的に拒否するけど、必要なことであれば投資と考えて支払いを惜しまない**」と続けてくれました。

実例をひとつ紹介します。
先輩と先輩の友人と一緒に大阪のクラブに行ったときのことです。ぼくは発売になったばかりの著書を紙袋に入れて20冊ほど持っていました。1席5万円のクラブに紙袋を持ち込む人は滅多にいません。ママがすぐに気づいて、ぼくに声をかけました。

「なんですかそれは？」

「最近本が出たんです」

「ほな全部買いますわ」


ぼくはママの決断の早さに驚きました。

ママがボーイさんに現金を持って来させ、代金の支払いが終わったところで、ぼくの隣に座っていた先輩の友人が言いました。

「じゃあ、お礼にシャンパンを入れましょう」

お金の流れが新たなお金の流れを生み出していると感じました。ママの心意気に先輩の友人も感謝の意を示したかったのかもしれません。

これもまた、できる人から学んだことのひとつです。

家計簿アプリは絶対に使うべき！

お金の出入りを見直すためにベストな方法は**家計簿をつけること**です。

とにかく1か月だけでも家計簿をつけてみれば、効果出ます。

詳細な家計簿をつけようとすると三日坊主になりやすいので、カテゴリーでつけてるようにします。

キャベツがいくらで鶏肉《とりにく》がいくらだったというように正確に記録するのではなく、「食材」あるいは「スーパー」としてまとめてしまいます。

だいたいの内容がわかればいいからです。

家賃、水道光熱費、食材（スーパー）、外食費、洋服代などに分けて、1か月の支出を整理すると、自分のお金の使い方が把握できます。

把握できれば分析ができ、分析をすれば修正や調整ができます。

家計簿は、記録することに意味があるのではなく、家計の見直しに役立てることに意味があります。

1か月だけでも面倒……という人には**家計簿アプリ**を勧めます。さまざまな家計簿アプリが出ていますが3種類ほど使ってみて、お気に入りのアプリを見つけました。「**マネーツリー（Moneytree）**」です。

いいなと思った理由は、使いやすいから。

ＵＩ（ユーザー・インターフェイス）に優れていて、操作に迷うことがないシンプルさが気に入ってます。

有料プランもありますが、無料プランでまったく問題はありません。かれこれ10年以上、無料プランで使っています。

支出を把握していない人がお金を貯められるはずがない

街で買い物や食事をしたときは金額をマネーツリーに入力します。

銀行口座やクレジットカード、電子マネーの情報をアプリに紐づけられるので、**入出金額を一元管理**できます。

いつどこから口座に入金があったか、口座の残金はどうなっているか、といったことがひと目でわかるので、いちいち通帳記入する必要がなくなります。

フリーランスで仕事をしていると、入金予定日にお金が入っていないケースがあるので、そういうときは相手に連絡をします。そのためにも常に入金情報を把握しておきたい。だからといって、それだけの目的で銀行やＡＴＭに行って通帳記入するのは時間のムダです。

ネット銀行であれば、自宅にいながら確かめられますが、いちいちパスワードなどを入力する必要があります。最近はセキュリティ対策で、面倒な操作をしなければならないことも増えています。

そういう手間を省くためにもマネーツリーは便利です。

クレジットカードの明細もいつでも見られます。

忘れていた買い物があっても、履歴を見れば、何に使ったかが思い出せます。

日々使うお金を手で入力するのもそれほど面倒ではありません。

外でランチを食べたときには、料理が運ばれてくるのを待つあいだに金額欄に「1000」、カテゴリー欄に「食費」、メモ欄に「昼」とだけ入力します。完了をタップすれば日付は自動入力されます。

スーパーやコンビニで会計を済ませたときには、忘れないうちに「スーパー1200円」などと入力します。

ぼくは、面倒を避けるために100円未満は四捨五入しているので170円であれば200円と入力します。1か月のうちには切り上げと切り下げの双方があるので、

100円未満の金額を丸めても誤差の範囲に収まります。

面倒でないようにしているからこそ続けられるんです。

お金の話になるたび「家計簿をつけないなんてあり得ない」、「アプリを使うのがおススメ」と話しています。


ぼくの周りには借金をしている芸人もたくさんいます。そういう人に「毎月、どれくらいの支出があるの？」と聞けば、答えは決まって「わかんない」です。

何にいくら使っているかということをまったく把握していない人たちは、お金を貯められないどころか借金をつくってしまいやすいようです。

お金の流れの「見える化」と「1週間予算」

浪費癖があり、お金を貯められない人は、お金の流れを「**見える化**」しましょう。

会社員ならそういうことはないのでしょうが、芸人のなかには自分の収入を把握していない人も少なくありません。

複数のアルバイトをしていて、毎月のバイト料のトータルがまちまちな大学生にもそのタイプはいるのかもしれません。

とにかく収入と支出をしっかり把握しておくこと。そのうえで支出が収入を超えないようにすれば、お金は残ります。

小学生でもわかる簡単な理屈です。

お金の流れの見える化によって「ムダな支出」を減らし、「覚えていない支出」をなくせば、支出をコントロールしていけます。

それを助けてくれるのが家計簿アプリです。

支出のコントロールが苦手な人は、1か月単位ではなく「1週間単位」で考えるようにしましょう。

月の手取りが18万円で、家賃が6万円、水道光熱費が1万円で、通信費が5000円だったとします。ひと月に使えるのは10万円ほどです。

だとすれば、1週間の予算は2万5000円です。

月額から日割りして1日の予算を3300円とする方法も考えられます。

1日単位で考えたり、1か月単位で帳尻を合わせようとすると失敗しやすいので、1週間単位で予算を組むようにします。

「リボ払い」は高金利の借金をするのと同じ！

お金に関して計画性のない人は、クレジットカードを「リボ払い（リボルビング払い）設定」にすることがあります。

これは最悪の選択です。

リボ払いでは毎月の引き落としが一定額になるのでいいと思う人もいるのかもしれません（支払残高に応じて段階的に支払額が増減する「残高スライド方式」もあります）。しかし、使った分は払わなければならないのはもちろん、支払残高に対してかかる手数料（利息）がものすごく高い！

消費者金融の返済方法にもリボ払いがありますが、**クレジットカードのリボ払いで発生する利息は消費者金融と同程度**で、およそ15〜18％に設定されています。

当然ながら元金＋利息に対して利子がかかる「複利」なので、利息はどんどん上乗せされていきます。

リボ払いの残高が50万円あり、毎月1万円ずつ支払っていくとします。

手数料（利息）が15％だったなら返済には6年7か月がかかり、そのあいだにつく利息は約29万円になります。気軽なローンのつもりでいても、**借りた金額の1・6倍近くを返済する必要**が出てきます。

クレジット会社はリボ払いを勧めてくることがあります。それは親切でもなんでもありません。

手数料を多く取れ、儲《もう》かるからです。

リボ払いを使うのは、消費者金融を利用するのと変わりがありません。

クレジットカードを使うなら、「一括払いの一択」です。

リボ払いや分割払いにしなければならないような買い物は〝いますべきではない買い物〟です。

クレジットカードで買い物をしていると、財布のお金が減らないので「浪費が増える」、「金銭感覚がおかしくなる」という人もいるようです。それも意識次第、やり方次第です。こうした人にはマネーツリーと紐づけることをお勧めします。

カードでどれだけ使っているかが常に把握できていれば、使い過ぎにはならないからです。

鍵のトラブル、水のトラブル

ひとり暮らしのありがちな失敗、避けたいトラブルはあります。

たとえば鍵をなくして、夜中に部屋に入れなくなるケース。

そんなときに「24時間365日対応」の業者に電話をする人は少なくないようです。料金は3000円～などとなっていて、それならいいかと思うかもしれません。ですが……。料金案内にある「～」というのがクセモノです。

基本料金はあくまで基本料金です。 そこに「出張料金」、「深夜料金」が加算されるうえ、「この鍵は破壊開錠しなければならないので交換の必要がある」などと言って、結果的には3万円以上請求されるケースもあるようです。

そんな出費を避けたいのであれば、とりあえずその日はホテルに泊まり、翌日、管理業者（不動産仲介会社）や大家さんに相談するようにすべきです。スペアキーを貸してもらえたなら、かかるお金はホテル代だけで済みます。

もし何かの不都合で鍵を借りられず、街の鍵屋さんに相談することになったとしても、不合理な支払いは避けられます。

水のトラブルも同じです。

とくに警戒したいのは、冷蔵庫に貼っておけるマグネットタイプの広告です。そのような広告を行う業者が悪質な高額請求をしていたということから業務停止命令を受けた例もあります。

すべてがそうとはいえないにしても、よくわからない**業者には要警戒です。**

ネットで調べて電話をかける場合にしても、注意が必要なのは同じです。CMなどで名前をよく聞く業者だからと安心して電話をしたら、「悪質ではなかったけど、最低料金では済まなかった」といった話はよく聞きます。

やはり管理業者に相談するか、**水道局に問い合わせて指定水道工事店に依頼する**などの方法を取るのが賢明です。

マルチ商法の罠

マルチ商法などは、上京したての大学生などに、近寄ってきます。

若手芸人も、渋谷でライブのチケットを手売りしていると、ターゲットにされることがあります。実際にそういう例が周りでありました。

当然ながら相手は最初からマルチ商法だと名乗ってくるわけではありません。まずはバーベキューやフットサルなどのイベントに誘ってきます。

「親切」、「トモダチ」、「サークル活動的なもの」を装うわけです。

シェアハウスで一緒に住まないかと誘ってくるケースもあります。「家賃が安く済むうえに楽しそう」ということで、話にノッてしまう大学生もいるようです。

言葉巧みに純真な地方出身者を囲い込んでしまうやり方です。

打ち解けてきた頃合いを見計らい、「簡単にお金になる話があるんだけど」などと持ちかけてきます。そういう際には、「これだけの年収になった人がいる」という言い方はしても、「何人がそのビジネスをやっていて、そのうち何人がそれだけの収入を得ている」とは教えてくれません。

成功する確率には触れず〝やれば必ず多額のお金を簡単に得られる〟と誤解するような話し方をします。

嘘《うそ》はついていなくても、騙《だま》しているのと同じです。

普通の人は、他人を犠牲にしてまで儲けたいとは思わないので、他の人も自分を騙そうとはしないと考えます。友達のようになりかけていた相手なら、なおさらです。でも実際は、自分が儲けるためなら人を騙すことを厭《いと》わない人はたくさんいます。

そのことを必ず知っておいてほしい。

そしてもし、「あれ？」と思うようなことがあれば、すぐに親や先輩、友達に相談しましょう。

マルチ商法に手を出してしまうと、2つの落とし穴にハマってしまいます。

ひとつは、実際は儲かることもなく、出費ばかりが増えていくこと。

そしてもうひとつは、自分自身が騙す側に回ってしまうことです。

勧誘のパターンはさまざま！

マッチングアプリを使って、異性との出会いを求めていた大学生らを呼び出してマルチ商法に勧誘していた男女が逮捕される事件がありました。

ビジネススクールに入るように勧め、入会後は新規会員を獲得すれば紹介料が支払われるシステムだったようです。

誘われた側が誘う側に回る（買わされた側が売る側に回る）、絵に描いたようなマルチ商法です。

マッチングアプリを使うケースに限らず、まず異性が接近してくるケースは少なくないようです。最初は２人で会うことになりますが、タイミングを見計らい、「あっ、そうだ！」と、もう一人を呼ぶパターンが定番です。

そうなると、２人がかりで説得されることになります。

人が増えるのは危険を知らせるサインのひとつといえます。

マルチ商法などは勧誘のパターンが無数にあるうえ、次から次へと新しいやり方が生まれてきます。

マルチ商法の勧誘者がよく使うキラーワードがあります。

「意識が高いなら、やらない手はない」

「勝ち組になる人生を選択したほうがいい」

「簡単だから」

意識なんてない方がいいです。

「闇バイト」や「当選詐欺」に注意

「在宅ワーク、副業で高収入」を謳《うた》い文句にした詐欺まがいのビジネスも少なくありません。

実際に仕事依頼がある前に「必要な機材を購入しなければならない」、「有料のセミナーに参加しなければならない」といった話があれば、お金を使わされるだけで、収入にはつながらないと考えておくべきです。

高収入を謳う**「闇バイト」**に騙される人も増えています。

ＳＮＳが窓口になるケースが目立ちますが、ＳＮＳに限らず、〝誰でも簡単に高収入〟などという話は世の中にはありません！

〝オイシイ話を他人に教えてくれる人なんて、どこにもいない〟からです。

ネットを見ていると、突然、「当選しました」、「おめでとうございます！」などと表示されることがあります。

これは「**当選詐欺**」と呼ばれています。

何かが当たったと喜んだ人に個人情報を入力させることを目的としたフィッシング詐欺の可能性があります。

少し話は違いますが、通信会社やクレジット会社、不動産会社などから「○○様への特別なご案内」、「あなただけの特典が受けられます」といったダイレクトメールが送られてくることがあります。すすめられるプランそのものは悪質ではないにしても、選ばれたのがあなた一人だけなんてことは絶対にありません！　当選詐欺と同じように〝選ばれた感〟を利用しようとする良心的とはいえない勧誘方法です。

疑問をそのままにしないこと

ひとり暮らしをうまくやっていくには、お金の出入りを見える化し、オイシイ話にはのらないようにします。

実際にトラブルに巻き込まれてしまうと、自尊心がはたらいて、人に相談しにくくなるので、一歩踏み出す前に立ち止まります。

「この話って大丈夫かな」という疑問を少しでも感じたなら、その段階で誰かに話をしてみましょう。

マルチ商法や詐欺とは関係ありませんが、何か大きな買い物をしようとして、「この買い物はどうなのか？　高いのか安いのか」と迷ったときも、誰かに意見を聞いてみましょう。

「家賃はいくらくらいのところに住んでるの？」
「食費にはどれくらいかけてる？」
「そのバイト、時給はいい？」

本を読むことで学べる知識はありますが、友達と話すことで得られる情報のほうが確度が高い場合もあります。

それだけではなく、人と話したり、人と一緒に学んだりすることは、それだけで楽しい！

勉強でも、仲間がいるほうが切磋琢磨《せっさたくま》でき、モチベーションを上げやすいのと同じです。

お金を増やす
ひとり暮らしの投資術

お金の「絶対的価値」と「相対的価値」

お金の価値についてはさまざまな見方、考え方ができます。

子供にとっての100円の価値と、大人にとっての100円の価値には差があります。100円で買えるモノは同じでも、100円の重みが違います。

同じ年齢、同じ収入の大人同士でも似たことがいえます。ぼくの例でいうと、自分に対してお金を使うときはとても悩みます。しかし、友人へのお祝いや手土産でお金を惜しむことはありません。一方で、自分の趣味には支払いを惜しまず、手土産は極力安く簡単に済ませる人もいます。このように、お金の価値には揺らぎがあります。

世の中において1万円で何が買えるかということが**「絶対的価値」**で、その人にとって1万円がどれだけの意味をもつかを考えるのが「**相対的価値**」です。

お金を使うとき、人とお金のやり取りをするとき、お金を貯めようと考えるときなどはこの2つの価値から考えます。


「**ハウスマネー効果**」もお金の使い方に影響します。

臨時収入や不労所得、ギャンブルや宝くじなどで手にしたお金は浪費しやすいことをハウスマネー効果といいます。

汗水たらして働いて手にした1万円には重みを感じて大事にしても、お年玉としてもらった1万円は気軽に使ってしまう……。

お金を使うときには、さまざまな心理がはたらいています。

『バビロンの大富豪』の10％ルール

世界的ベストセラーである『バビロンの大富豪』のなかで説かれている10％ルールについて考えてみます。

いくら働いても生活が苦しいままだった人たちが、あるときバビロンという街でいちばんの金持ちになった人に、どうすれば金持ちになれるかを聞きに行きます。そこで提案されたのが**「収入の10％を貯《たくわ》えに回せばいい」**ということでした。

世の中にはさまざまな収入の人がいるなかで、貯金すべき額を一律で収入の10％と規定しているのがこの話のミソといえます。

収入の10％にあたる額を貯金に回すようにしたなら、とても生活ができない、と考える人も出てくるはずです。しかし、実際はどうでしょうか？

いまの日本でいうなら、月収50万円の人もいれば、20万円の人もいて、10万円の人もいます。

月収20万円の人が10％の2万円を貯金に回したとすれば18万円が残ります。その人としては、18万円では少ないと思うかもしれません。しかし、月収10万円で暮らしている人もいます。

月収10万円の人にしても、その暮らしがカツカツだとは限りません。

誰でも毎月、収入の10％を貯金に回せるかもしれない。

ある程度の貯金ができたなら、貯まったお金を使って、仕事の拡大や効率化を図ります。

お金が貯まったからこそできる、より有効なお金の使い方があります。

お金は残すべきか、増やすべきか

お金の価値は、物価や金利によっても変動します。

いまのようにインフレが進んでいる時代であればわかりやすいはずです。

これまで500円で食べられていたものが、500円で食べられなくなったとすれば、500円の価値が落ちているとわかります。

その延長で考えてみてください。

100万円貯金していても、10年、20年と経《た》っていけば、その100万円の価値が下がることも考えられます。

いま現在、貯金している100万円は、将来的に、いま現在の80万円、あるいは70万円ほどの価値しかなくなっている可能性があります。

だから、ただ貯金しておくのではなく、物価上昇に負けないように増やす方法を考えるべきです。

そのためにやれることのひとつが「投資」です。

毎月、一定額を貯金しているだけでは損をするかもしれないと考えてみましょう。

騙されない、損をしないことも大切ですが、〝増やすこと〟も大切です。

第2章

大学生から始めれば大きく差がつく

気になる現実

大学生の家計簿

大学生の生活はラクではない

「第59回学生生活実態調査」では、ひとり暮らしをしている大学生の生活費の平均は、家賃込みで毎月12万７５００円、そのうち住居費が約5万４０００円となっていました。

家賃を引いた段階で、**生活費にかけられるのは約7万円**です。

いまのぼくは芸人兼学生ですが、東大の受験勉強を頑張っていた頃は、家からあまり出ないで勉強ばかりしていました。

その頃の生活費をマネーツリーで確かめてみると、１か月あたり7万７０００円や10万３０００円となっていました。ここには通信費や水道光熱費は含まれていません。

外出をほとんどしない生活であっても家賃抜きで10万円前後は生活費として必要でし

大学生の平均生活費

	項目	全学生の平均金額（円）			仕送り／小遣い0円（円）		
		自宅生	下宿生	寮生	自宅生	下宿生	寮生
収入	仕送り/小遣い	10,350	70,120	44,960	0	0	0
	奨学金	10,050	19,660	32,200	13,950	66,360	63,010
	アルバイト	43,010	36,110	29,050	53,020	46,910	35,530
	定職	540	420	40	840	1,020	0
	その他	2,010	2,940	3,910	2,330	8,900	4,840
	収入合計	**65,970**	**129,240**	**110,160**	**70,140**	**123,190**	**103,380**
支出	食費	12,600	25,880	25,300	12,330	25,450	25,370
	住居費	510	54,130	33,260	330	45,710	29,770
	交通費	9,380	4,330	5,210	9,110	4,860	3,250
	教養娯楽費	12,770	12,840	11,390	13,850	11,830	9,700
	書籍費	1,300	1,500	2,070	1,200	1,580	870
	勉学費	900	1,260	1,350	920	1,700	890
	日常費	5,070	7,330	6,510	5,650	7,220	5,690
	通話通信料	1,460	3,190	3,230	1,460	3,280	3,690
	その他	1,930	2,290	2,690	2,260	3,710	3,710
	貯金・繰越	18,410	14,740	16,860	21,410	16,620	18,660
	支出合計	**64,340**	**127,500**	**107,870**	**68,510**	**121,960**	**101,610**

大学生（下宿生）の平均生活費……毎月12万7500円（住居費約5万4000円を含む）

大学生の奨学金受給率（%）

項目	全体	自宅生	下宿生	寮生	文系	理系	医歯薬
受給している	28.9	24.9	31.4	45.3	30	27.6	28.5
貸与型のみ受給	17.1	14.1	19.8	20.2	18.1	16.4	16
給付型のみ受給	6.9	6.6	6.7	15.2	7.2	6.8	6.5
貸与型＋給付型受給	2.7	2.2	2.9	7.5	2.9	2.5	2.8
無回答・不明	2.1	2.1	2	2.5	1.8	1.9	3.2
受給していない	71.1	75.1	68.6	54.7	70	72.4	71.5
生活費の中の割合	15.8	15.2	15.2	29.2	15.8	15.4	16.8
受給有額平均（円）	**58,420**	**49,630**	**62,990**	**65,080**	**57,050**	**57,710**	**65,150**

28.9%の大学生が何らかの奨学金を受給している（受給者の平均額は約5万8000円）

※「第59回学生生活実態調査」をもとに作成

た。

学生（下宿生）の1か月あたりの平均的な収入の内訳を見ると、**仕送りが約7万円、アルバイトが約3万6000円、奨学金が約2万円**となっていました。

仕送り0円で下宿生活をしている大学生もいます。その場合の平均値は、アルバイトが約4万7000円、奨学金が約6万6000円と、それぞれ増えています。

住居費は、全下宿生が平均約5万4000円なのに対して、仕送り0円の下宿生は平均約4万6000円と下がっています。

仕送り0円の寮生は別に分けられていて、寮生の家賃平均は約3万円です。

仕送り0円であっても、食費など他の支出は大きく変わらないので、まず住居費から節約していくことになるようです。

奨学金の返済には時間がかかる

学生の主な収入源となるのがアルバイトと奨学金です。

なんらかの奨学金を受給している人の割合は28・9％です。

「貸与型」のみの受給が17・1％、「給付型」のみの受給が6・9％、貸与型も給付型も受給している人が2・7％です（第59回学生生活実態調査より）。

受給者の受給平均金額は約5万8000円となっていました。学生（下宿生）の奨学金平均が約2万円となっていたのは受給していない学生もいるためです。

「将来奨学金を返還することに不安を感じてるか」という質問に対して、「常に感じている」「時々感じている」と回答した人を合わせると、貸与型奨学金受給者の69・8％になります。

大学を卒業したあと、奨学金の返済に苦しむ人は大勢います。

貸与型の奨学金には無利子のものと利子がつくものがあります。月5万円の奨学金を4年間受給していると、240万円の貸与を受けたことになります。

言い換えれば、240万円の借金が残るということです。

アンケート調査などの結果から見ると、**毎月約1万6000円を15年かけて返済するといった状況**になる場合が多いようです。

それくらいならなんとかなると思うかもしれません。

しかし、東京でひとり暮らしをするなら、よほど給料のいい会社か、手厚い住宅手当が支給される会社でなければ、毎月の生活はかなり厳しくなるものと予想されます。

「返済義務があるのを知らなかった」はＮＧ！

多くの学生は、必要だから奨学金を利用しているし、他人が口を出すことではないので、「奨学金を受給しないほうがいい」とは言えません。

ただし、奨学金を受給していながら「返済義務があるのを知らなかった」という人もいるようなので、そういう人には助言してもいいでしょう。

奨学金には給付型と貸与型があり、貸与型には無利子のものと利子がつくものがあります。

給付型の奨学金や無利子の奨学金を受けるには世帯収入や学業成績などで条件がつく場合が多いようです。

条件のいい奨学金を受給するためには、勉強を頑張る必要があります。

仮に返済に行きづまった場合には**「減額返還制度」や「返還期限猶予制度」などの救

済措置を受けられることもあります。

そもそも無理をしてまで大学へ行くべき？

奨学金を利用してまで大学に行く必要はないという人もいるようですが、大学にはできるだけ行くべきだとぼくは思います。

勉強が嫌いで、大学で学びたいことがなくとも、高校卒業後にやりたいことがないのであれば、進学する価値があります。

4年間の経験が貴重なだけでなく、就職先と生涯収入でもかなりの差が出ます。

厚生労働省の令和5年賃金構造基本統計調査や独立行政法人労働政策研究・研修機構の「ユースフル労働統計 2022」を見ると、**高卒と大卒で、初任給で約5万円、平均年収で約105万円、生涯賃金で男女それぞれ約6000万円の差**があります。

大学生活4年間の授業料と生活費では、どれだけのお金がかかるのでしょうか？

公立か私立か、自宅か下宿か、学部はどこかといった条件で違ってきますが、**私立大学のひとり暮らしなら1年間に約240万円、国立大学の自宅生なら約110万円**といった調査結果があります。私立大学のひとり暮らしの場合、4年間で1000万円近くかかることになります。それでもやはり、生涯収支を考えたなら、大学へは行く価値があります。

大学に進学しても、ほとんど勉強をせず遊んでばかりいる人は大勢いるでしょう。たいして学んでいないのに、学費を払って通い続ける意味があるのでしょうか。

あります。"大卒"という肩書きを得られるだけで、将来の選択肢が増えます。

実際、ぼくは18歳で日本大学理工学部に入りましたが、授業には出席するものの、予習も復習もまったくせず、試験前だけちょっと勉強し、長期休みは家でゴロゴロするかアルバイトをするだけの生活を送っていました。

同じ大学にいたほぼすべての友人も、勉強しておらず、勉強しないことが当たり前となっていました。大学にいて成長を感じることもありません。授業もつまらないし、早く働いてお金を稼ぎたいと常に思っていました。

友人たちは、ゼネコンやハウスメーカーに就職しましたが、大卒でなければ内定はもらえなかったでしょう。

しかし、大卒だからといって、高校を卒業して4年間働いた人と比べて優れているわけではありません。むしろ、4年間堕落を極めた結果、さまざまな能力で差をつけられているでしょう。

しかし、「大卒」というだけで、みなさんがご存じの有名な企業に就職し、現在では都内に家を持つくらいの収入を得ています。

大卒であるだけで、その人の可能性は大きく広がります。

バイトはお金以外にも得るものがある仕事を

アルバイトをどれくらいやるかは個人差が大きい。

前出のデータにもあるように月のアルバイト収入は4～5万円程度が多数派で、10万円、20万円を稼ぐほどアルバイトをしている人はあまりいないようです。

大学生のアルバイトとして、比較的、タイパがいいのは家庭教師です。

派遣会社との契約で時給1500円以上、個人契約であれば時給2000円あたりが家庭教師の相場のようです。

ぼく自身は、学生時代には主にファミレスでバイトをしていました。

マニュアルが細かく規定されていて、それを守れば一人前の仕事ができるようになっていたことに大手チェーン店の〝凄《すご》み〟を感じました。

接客経験は将来的なプラスになるはずですが、時給がやはり安かった。月収が8万円以上になったことはなく、5～6万円くらいがほとんどでした。

どうせなら、将来的に役に立ちそうな仕事を選ぶのはどうでしょうか。

レストランでバイトして料理を学ぶ。ショットバーでバイトしてお酒の種類について学ぶ。アミューズメント施設でバイトしてコミュニケーション能力を伸ばす。外国人観光客相手にバイトして英語の能力を向上させる……など、アルバイトを通じて金銭より価値のある学びを得ることができます。せっかく時間を切り売りするのなら、お金以外に得られるものがあったほうがいい。自分の好きなこと、その経験が将来役立つアルバイトがきっと見つかります。

インターンをやることに意味はあるのか

最近は企業のインターンをする人も増えてきました。

時給は一般のアルバイトと変わらない場合が多いようですが、社会勉強になるし、採用につながる可能性があるため多くの学生が関心を持っています。

授業に出ないで、会社員のようにインターンに行っている人たちもいます。そこまでいくと、あまりいいことだとは思いません。

大学だからこそ学べることはたくさんあります。

一方で、**インターンとして学べることは社会に出てからでも学べることなので、あまり先を急ぐ必要はない気がします。**

インターンでどんな仕事を任されるのかはケースバイケースですが、一般のアルバイトに任されるような雑務が中心になる場合も少なくないようです。

Ｆａｃｅｂｏｏｋのプロフィールで、複数の企業名を挙げて、インターンとしてのキャリアを積んできたことをアピールしている人がいます。正直いえば、彼らには疑問を感じます。

インターンのキャリアよりも、どんな人間であるかということのほうがはるかに大切なことだと思うからです。

有名企業を列挙しても、素晴らしいのはその企業であって、単なるインターンであるあなたには関係がありません。

企業の採用担当者としては、経歴らしい経歴がない人に比べれば、インターンキャリアがあることを評価する場合もあるのかもしれません。ただ、〝インターンとしてどんな仕事をしていたのか〟という部分でアピールできるものがなければ、単なるアルバイトに過ぎません。

サークル活動は大切

考え方や経済事情はいろいろだとしても、せっかく大学に入ったなら、できるだけ勉強したほうがいいのは間違いありません。

ただし、就職活動の際に何かアピールできることがないかと問われたときに、「勉強を頑張りました」と回答するのでは弱い。具体的な研究内容や深い知見を短く披露する必要があります。しかし、興味のない分野の話を描く説明されれば、面接担当者はあなたに対して良くない印象を持つかもしれません。

だから、端的に魅力が伝わるさまざまな経験を積んでおくことが重要です。その点では、授業をおろそかにしない程度に、アルバイトやインターンに従事することも選択肢として考えられます。

就職活動に限らず、人生を豊かにする点で、サークルに参加することを勧めます。

日本大学在学中は、サークルがほとんど存在せず、キャンパス内で何かを楽しむことはほとんどありませんでした。

一方で、東京大学には多様なサークル、部活、団体があり、多くの友人が参加しています。複数のサークルに参加する人も多く、2年生あるいは大学院生になってからサークルに入る人もいます。

活動内容に興味がある人もいれば、他大学の学生との交流を目的としている人もいて、サークル活動がさまざまな役割を果たしていると感じます。

入学時に大学で勉強する気がないのは論外としても、大切なのは勉強だけではないのは確かです。スポーツであれ文化活動であれ、同じ趣味や嗜好《しこう》をもつ人たちが集まってコミュニティを形成する。それで何かの目的が達成できたなら素晴らしいことです。

そういう**コミュニティを経験**することに意味があります。

ちなみにぼくも、いまは東大で書道研究会と東大生が交流する団体に入っています。

時間の効率化ばかりを気にしているように思われるかもしれませんが、その意識が強すぎれば、大学生活がつまらないものになってしまいます。

学生として過ごしているあいだは**時給0円としてカウント**しているので、授業のあと、クラスのみんなで集まってダラダラすることもあります。

所属している団体では会計係を務めています。

何かの係になるなら、得意分野のほうが効率的なので引き受けました。会計係の仕事にかかる時間はひと月に10分程度です。経費精算を済ませていない人がいたときに「早く精算してね」と軽く催促するのが主な仕事です。

危険なサークルも存在する

「偽装サークル」と呼ばれるものがあります。

普通のサークルのように見せかけて活動しながら、実際は宗教団体や政治団体と結びついていて、そうした団体へ勧誘することを主目的にしています。

そのようなサークルに入らないようにするために常日頃からの情報収集が重要です。試験で良い点を取る、私生活の安全を確保する。すべて情報戦です。何が正しくて何が誤りなのかは、論理だけでは判断できません。情報を集める必要があります。

だから、大学内に知人が少ないとひとりだけ損をするかもしれません。そのためにも、サークルなどへの参加は重要です。

一部には、マルチ商法と結びついているサークルもあるようです。マルチ商法を行う人間にはどのようなタイプが多いのか、マルチ商法とはどういうものなのか知っておくことで、事故をふせぐことができます。

ぼくが18歳の頃、日本大学の友人がマルチ商法によって騙され、50万円ほどの借金をしていました。当時彼は、「先輩が、3か月頑張ったらグッチのネクタイを買ってくれるって言ってる」と授業中に言っていましたが、ぼくは彼の置かれている状況がよくわからず、適当に聞き流していました。

まだ「マルチ商法」という言葉も知らなかったぼくは、友人を助けることができませんでした。

みなさんには騙されてほしくありません。日々、常識を学び、怪しいと思ったら信頼できる友人に相談してください。もし信頼できる友人がいなければ、もっと外に出ましょう。

知らないと損する

大学生にも社会人にも効く節約術

「ポイ活」や「ＥＣサイトセール」はデメリットだらけ？

学生なのか社会人なのかを問わず、知っておきたいことはたくさんあります。

この本では形式的に、第２章を大学生編、第３章を新社会人編としていますが、大学生にも第３章を読んでもらい、新社会人にも第２章を読んでもらいたいと思います。

いわゆる「ポイ活」や「ＥＣサイトセール」との付き合い方については、大学生か社会人かを問わずに考えてみるといいかもしれません。

これらの積極的利用は、メリットよりもデメリットのほうが大きいと考えています。

まずポイントには面倒なものと、そうではないものがあります。

たとえばＡｍａｚｏｎや楽天市場で何かの買い物をすれば、自動的にポイントが付与されます。何もせずポイントが貯まるのは、効率的です。

しかし、ポイントカードが配布されたり、ＬＩＮＥの登録が必要になるようなものについては話が違います。こうしたポイントをぼくはいっさい利用していません。

ポイントカードは顧客管理や継続利用を目的に発行されます。

「あの店に行けばポイントが貯まる」

「もうすぐポイントの有効期間が終わるから行かなきゃいけない」

「今日はポイント2倍デーだから、買い物は多めにしておこう」

などといった心理がはたらき、客は買い物に誘導されます。

それによって余計な消費を増やすことにもなります。

あれこれと考えるムダ、移動時間のムダにもつながります。

ポイントカードはいっさい持たず、自分の行動を他者に操作されないほうが、ムダがなく合理的ではないでしょうか。

「ポイ活意識しすぎ問題」と「カードもらいっぱなし問題」

放っておけばポイントが貯まるものとしてぼくが使っているのは「ソラチカカード（ANA To Me CARD PASMO JCB Series）」です。日常使いしている唯一のクレジットカードで、ＡＮＡを使えばマイルが、ＰＡＳＭＯを使えばポイントが貯まります。ポイ活をしている意識はありません。Ａｍａｚｏｎのポイントと同じで、拒む理由がないポイントなので利用しています。

ポイントカード全般に否定的であるものの、日常的によく行くスーパーやドラッグストアのポイントを貯めることは推奨しています。年間の支払額が多いので、少ない管理コストで大きなリターンが見込めるからです（ぼく自身はそういうカードも使っていませんが）。

危険なのは、もらったカードをすべて財布に入れておく人たちです。財布のなかがカードやレシートでパンパンになっていませんか。

こうした人たちは**カードの管理ができず、財布には入っているけれど使わないこともあります。**

それぞれのポイントの有効期限などを気にして、「なんとか特典を得よう」と躍起になって、ムダな買い物をすることもあります。心当たりがある人は、すべてのポイントカードを捨てるのもいいかもしれません。

労力に対して得られるリターンがたいしたものではないと考えてみてください。

借金をする人の財布と、お金持ちの財布

かなりの額の借金がある芸人の財布を見せてもらったときに、ポイントカードが7枚、スタンプカードが8枚、飲食店の割引券が15枚入っていたことがありました。

確認してみると、そのうち4分の1は期限が切れていたうえ、日常的に利用しているわけではない店のカードもまじっていました。

それで財布をふくらませているのは、ゴミでふくらませているのと同じです。

ぼくの取材をしにきてくれた40代か50代のマスコミの人が、財布に30枚くらいのポイントカードを入れていたこともありました。見せてもらうと、同じドラッグストアのカードが2枚入っていました。

不要なものと大切なお金を同じ場所に入れるなんて、不思議でなりません。

レジに並んでいるとき、前の人が「ポイントカードが見つからない」と言いだして、財布のなかをゴソゴソ探しだし、大げさではなく1分ほど待たされたことがあります。

ああいう迷惑はかけられたくないし、他人にかけたくもない。

そもそも、**お金持ちやスマートな生き方ができている人の財布がポイントカードであ**

ふれていることはまずありません。

財布に入っているのは、現金、クレジットカード、身分証明書、交通系ICカードくらいです。

ウォンツとニーズをよく考えるべき!

ECサイトの看板セールはとても魅力的で、ついついサイトを覗《のぞ》いてしまいます。お得なモノが多くなっているとはいっても、一律ですべての商品が安くなるわけではありません。セール商品が安いだけです。

以前から欲しかったモノがセールになっているなら買うのもいいと思います。しかし、わざわざセール品のなかから何かを選んで買うのは得策ではありません。

〝買わなくてもいいモノを買ってしまう〟のがセールです。

何かを買うときはウォンツ（wants）だけではなくニーズ（needs）を考えましょう。

「いいな」と思える服があったら、「本当に必要なのか」を確認するため、「いつ着るのか」を自分でシミュレーションするようにします。ジャケットだとしたなら、どういうときにそれを着たいのか？　合わせられるシャツやパンツ、靴は持っているのか？　いつまで着られ、今季のうちに着る機会はどのくらいあるのか、といったことまでを考えます。

見た瞬間、気に入ったとしても、そうして考えていけば実際はあまり着る機会がないかもしれないと気づくかもしれません。「そのジャケットに2万円払う価値があるのか？」と検討できます。そうやって考えた結果、必要だと判断したら購入します。こうすることで、ムダな買い物を減らすことができます。

ぼく自身、「素敵！」と思って買った服なのに、ほとんど着なかったことがあります。自分のした失敗は他の人にしてほしくありません。必ず、購入前に必要かどうかを考えてください。

いちど上がった生活水準は下げることができない

子供の頃、「いちど上がった生活水準は下げることができない」と人から教えられました。人は心の弱い生き物なので、豊かな生活に慣れてしまうとその水準を下げることが難しくなるからだということでした。

何かの事情で収入が下がったときに、それまでより生活レベルを落とすことができずに破綻していく人が多いのはそのためです。

これまでずっと和牛を食べていた人が輸入肉に替えられるのか。これまでずっとコムデギャルソンの服を着ていた人がファッションセンターの服に替えられるのかといえば、それは難しい。

では、どうすればいいのか？

買う頻度を下げる。

収入が減ったからといって、買うものを変えることは誰にとっても難しい。

では、毎月1回の購入を3か月に1回にするのはどうでしょうか。3か月が難しければ、2か月でも35日でもかまいません。

定期的に買うものの質を下げずに頻度を下げるだけでも、あなたの支出は減少します。

和牛にしても、毎日和牛を食べるわけではありませんよね。豚や魚も食べるはずです。

和牛を輸入肉に変更せずとも、牛肉の購入を別のもので置き換えて、頻度を下げることで、生活水準を維持します。

すぐにはポチらないこと

ECサイトのセールで、人気の掃除機がふだんは5万円なのに3万円になっていたとします。

商品としていいモノだから、これは得だな!と思うことはあるでしょう。ですが、いま使っている掃除機があるなら、その掃除機を新しい掃除機に替えるために3万円を払う価値があるのかと慎重になってみませんか。

「いいな! 安い!」と思ったときにすぐにポチらない。

それが大切です。

大手携帯キャリアサブブランドのススメ

生活費を見直す際、最初に考えたいのは固定費についてです。

大学生も社会人もまずは**携帯電話の料金プランを検討しましょう。**

２０２０年から２０２１年にかけてＮＴＴドコモなどの大手キャリアがサブブランドを発表しました。ＮＴＴドコモのａｈａｍｏ、ソフトバンクのＬＩＮＥＭＯ、ＫＤＤＩ（ａｕ）のｐｏｖｏがそれにあたり、月額３０００円を切る低価格なサービスを実現しています。

ぼく自身、数年前に大手キャリアのサブブランドに変更しました。毎月の支払いは大きく減りましたが、なんの不便も不具合もありません。

サブブランドに変更したことで高校時代から利用していたキャリアメールのアドレスが使えなくなりました。変更前に少しだけ迷いましたが、友人などとの連絡はＬＩＮＥが中心になっていて、キャリアメールを利用する機会は年に１度もありません。

20年以上も前のボーダフォンのアドレスに誰かメールを送ってくるだろうか、いや送ってこない。

変更することにしました。

「もしかしたら大切な連絡があるかも」と迷う方がいるかもしれません。そんなときは期待値を計算してください。

どのくらいの確率でメールが来るのか、そのメールを受信できないことによる損失がどの程度なのか。この2つを掛け算したものが「期待値」です。

この期待値が大きければ、変更するべきではありません。

世の中にいる心配ばかりしていて行動できない人の多くは、期待値の計算ができていません。

迷ったときは、期待値を計算しましょう。

「アプリ課金」「ゲーム課金」はとにかくゼロに！

変動費のなかでも、スマホの「アプリ課金」、「ゲーム課金」などは、すっぱり切りたい費用です。

スマホゲームの多くは基本無料で必要に応じて課金するシステムになっています。

開発会社の人に聞いた話では、**課金をするのはユーザー全体の10％程度**で、その人たちがかなりの課金をしてくれることでビジネスが成り立つようです。

ぼく自身はスマホゲームをやりませんが、「無課金で十分楽しめるゲームがほとんど」といった声を聞くこともあれば、「ン十万円、課金しちゃった」という声を聞くこともあります。

開発会社の人には申し訳ないけれど、「とにかく課金はしない」というルールを自分でつくってしまうのがいいと思います。

誰も課金しなければ、スマホゲームがなくなってしまうかもしれません。しかし、課金は10％の人たちに任せておけばいい。

そもそも、ちょっとした気分転換や空き時間の暇つぶしにゲームをやるならいいけれど、1日何時間もゲームをしているなら、とてつもない時間の浪費です。

お金持ちのなかには、そういう人はたぶんいません。なぜなら、自分の時間の価値をわかっているから。

1日3時間ゲームをしているとすれば、月に90時間、年間で1000時間を超えます。それだけの時間を費やしても、残るものが何もない。10代、20代のうちにそういう時間の使い方をしているのはもったいないと思いませんか。「あの頃の自分は、なんてダメだったのだろうか」と悔やんでも、浪費した時間を取り戻すことはできません。

もちろん、その瞬間は楽しいと思います。そのゲームでストレスを解消することで、その後の勉強や仕事に集中できるかもしれません。

でも限度がありませんか。

ぼくは友人が四六時中ゲームをしていても、それを否定しません。その人の自由です。でも、お金を貯めたい、合理的にお金を使いたいと考えてこの本を開いた人にはゲームの時間を減らしてほしいと思っています。

自分の時間に価値を見出せず、ゲームに大量に時間を投入しているのなら、気づいてほしい。

あなたの時間は尊い。

社会人になっても、自分の時間の価値に気づかない人は大勢います。ほとんどの会社員はそうかもしれません。

そういう人は他人の時間の価値にも気づけないから、他人に迷惑をかけます。

先日、東大卒で従業員を500人以上抱える会社の社長がこんなことを言っていました。

「この間、税務調査があったんだよ。調査って時間かかるんだね。調査官は俺の時給がいくらかわかってるのかな」

わかっていないと思いますよと言うと、社長は、いやだって俺の年収知ってるんだよ、だからわかってるでしょと納得いかない様子です。

公務員も会社員と同じです。時給や日当で働いていません。勤務時間より早く出勤しても残業はつかないし、15分くらい残業しても、上司を通じて申請していなければ残業代はもらえません。

もらえなくとも、自分の15分は本来だったら1000円の価値があるのになとは考えません。考えるだけムダだし、仮にそれを上司に言っても、おかしな奴《やつ》だと思われて、同僚に言いふらされるだけです。

毎月50万円の給料をもらっていたとしても、自分の1時間には○○円の価値があるなどとは考えない。だから、他人の時間に価値があるとも考えない。

社長の年収が1億2000万円だから、月に20日働くと、1日50万円、税務調査を2日やれば、対応する社長の100万円分の時間を奪うことになるんだ、申し訳ないなあ、調査は素早く効率的にやらなきゃな、などと考えることは絶対にありません。

社長・個人事業者と会社員・公務員では時間に対する意識がまったく違います。

あなたには、社長のように時間を大切にしてほしい。

自分の時間の価値を計算して、ゲームをやった分だけどれほどお金を得る機会を損失したか考えてください。

ＡＴＭに行く回数はできるだけ減らす

大学生は自由な時間が多いので、時間を大切にする意識をもちにくいかもしれません。しかし、早いうちから**時間のムダ遣いをしない習慣**を身につけてほしいと思います。

まず、ＡＴＭに行く回数は減らしましょう。

手数料は払うべきではないし、ＡＴＭに行く時間はムダ以外のなにものでもありません。

１００万円を普通口座に1年間預けていても１０００円しか金利がつかない時代です。現在のメガバンクの金利は０・10％ですが、少し前までは０・02％でした。１００万円預けていても２００円しかつかなかった。

深く考えずに提携銀行のＡＴＭを使ったり、時間外で利用したりしていれば、**手数料が利子を上回る**のは間違いありません。

ＡＴＭの利用回数を減らすように意識しましょう。

なぜか、少しずつしかお金を引き出さない人がいます。

その日に必要な5000円だけ引き出し、次の日にまた引き出す。月に2回も3回も引き出す人も同じです。あなたの貴重な時間を大切にしましょう。

入出金の確認をするための通帳記入もそうです。手数料は取られなくても、気になる入出金があるたび通帳記入で確かめているとすれば、銀行に通う手間が生まれます。

前章で紹介したマネーツリーに口座を紐づけておいたり、ネット銀行を利用したりすれば、そうしたムダから解放されます。

想像力をはたらかせる意味

自分は銀行に行くことも、ATMに行くこともほとんどありませんが、給料日や昼休みは大勢の人がATMの前に並んでいると想像できます。そういう時間は、みんなの協力と技術の進歩で減らしていけるといいと考えています。

キャッシュレスの使用率が上がり、現金の需要が減ることで、ATMの設置台数は減っていくでしょう。手数料で儲けていた銀行は、収入が減ってしまうのでしょうか。

大手の都市銀行などでは、ATMの手数料で収益をあげようと考えていません。顧客のために設置しているだけで、手数料ではコストを賄えないそうです。本当はATMなど0にしたいのかもしれない。

客とサービス提供者は対等です。彼らが客のことを考えるように、客も彼らのことを考えるが必要があります。

宅配便で時間指定をしておきながら、その時間に家にいないとか、家にいるのに面倒だから受け取らないとか、もうやめませんか。

地球は自分を中心に回っていません。相手の迷惑を考える想像力をもちましょう。互いに協力していかないと、ATMの手数料や宅配便の料金が上がっていくことにもつながります。

自分の時間を大切にするだけでなく、他人の時間も尊重することが大切です。心当たりがある人は、そういうところから見直してみましょう。

時間には金銭的な価値があるので、時間を大切にする感覚が薄い人には、お金を貯められない人が多い。時間を大切にするだけでも、お金を貯めやすくなります。

食費は収入の15％が適正

変動費では食費が占める比重が大きくなります。

毎日新聞とＩＴ企業ペンマークが共同で行ったアンケート調査によれば、学生の約98％が「物価高」であることを感じていて、どの部分で節約しているかを聞くと、トップが食料品の51％で、これに続くのが衣類・ファッションの36・４％でした。

節約の鍵を握るのは食費です。

食費の節約方法もさまざまです。

ご飯を特盛にしても値段が変わらない学食で**特盛を頼んで半分だけ食べ、もう半分はラップに包んで持ち帰る学生**もいるそうです。みんな食費を節約するために努力しているんですね。

時間の節約は難しいけれど、食費は比較的簡単に調整できます。

食費は収入（手取り額）の15％くらいが適正と言われることが多いようです。毎月13万円前後でやりくりしている学生は、２万円もかけられません。これでは少し厳しすぎます。

ひとり暮らしの平均的な食費は4万円ほどだとも言われているので、**まず3万円から4万円くらいを目指すのがいいでしょう。**

月に3万円として、日割りにすれば1000円です。

ひとり暮らしの自炊は高くつくのか？

ひとり暮らしの自炊はかえって高くつくという意見を聞いたことがあります。どうやら、食材を使いきれずに消費期限を過ぎてしまうことがあるからのようです。

まあ、そういうこともありますよね。ぼくだってこの間、開封済みの瓶詰めのトマトソースを2週間放置して、ダメにしてしまいました。

食材を購入するときに、何回の食事でどのように使うかをしっかり考えて購入すれば、ムダにすることもなくなるでしょう。

食費の節約法としてはいろいろな意見が挙げられていますが、ある節約上手な人から次のようなポイントを教わりました。

・あらかじめ買い物の予算を決めておく
・買い物に行く回数を減らす
・安い食材を選んで、複数のメニューに使うことを考える
・多めにつくって、何食分かを冷凍保存しておく
・出来合いの総菜なども利用する

料理経験のない学生には難しく思われるかもしれません。まず野菜炒めなどのような簡単なものからつくっていって、料理を楽しめるようになってきたなら、いろいろ工夫していくのがいいのではないでしょうか。

最近はネットでもテレビでも本でも「節約メニュー」や「簡単メニュー」がよく紹介されています。

それらを活用しながら、食材が余らないように複数のメニューを考えて食材を買い物カゴに入れましょう。

学食もいいけど、節約するなら「手作り弁当」

大学に自分でつくったお弁当を持ってくる学生もいます。

学食が安いといっても、500円くらいはするので、倹約したいならお弁当持参という選択になるでしょう。実家なら、対価を支払うことなくお弁当をこしらえることもできるかもしれません。

ぼくは自分でつくったお弁当を大学へ持っていくことはありませんが（学食の利用は週に1回程度で、大学近くのお店で食べるか、コンビニで買ってきたものを食べることが多い）、学食は並ぶし、脂質の量を調整したいので、そろそろお弁当箱を買おうと思っています。

自炊も毎日しています。筋トレをしたあとに、鶏胸肉を調理したり、友人を呼んでカレーをつくったりもします。

節約というより食べたいものを食べるのが目的だともいえます。塩分も油分も調整できるので、外食や中食《なかしょく》と比べると圧倒的に健康な食事です。

図書館と新聞のデジタル版は、財布にも部屋にもやさしい

第59回学生生活実態調査を見ると、下宿生のひと月あたりの書籍代が1500円になっていました。まったく本を読まない大学生が増えているようです。本をよく読む学生のなかには図書館の利用者も少なくないのかもしれません。

ぼく自身、本のほとんどを図書館で借りています。

読みたい本を買い続けていると、部屋が本だらけになるというのは読書家なら誰ももつ悩みです。ひとり暮らしの狭い部屋なら、なおさら置く場所に困ります。

その意味でも、できるだけ図書館を利用したい。

東大の図書館は、小説などのエンタメ系の本はいっさい置いていないかわりに、専門書や学術書が充実しているので助けられています。

就職活動や社会に出てからのことを考えると新聞を読む習慣をもっておいたほうがいい。けれど、毎日図書館に通って新聞を読むのは現実的ではないでしょう。

もし新聞を購読するなら、デジタル版がおススメです。ぼくも以前は紙の新聞を取っていましたが、デジタル版に替えました。

芸人が集まる楽屋で新聞を読んでいると、イキっているように言われて面倒だったのが理由のひとつです。

いまは電車のなかで新聞を広げて読んでいる人も減りました。

スマホやタブレットで読むほうがかさばらないし、読みやすい。

何よりも嬉しいのは検索機能があることです。

毎日、隅から隅まで記事を読んでいるわけではないので、何かのきっかけで過去の記事が読みたいときに検索をかけて読めるのがありがたい。

やっぱり倹約は積み重ねが大切！

日々の節約については、ぼくよりむしろ大学生たちのほうがよく考えているかもしれません。

ぼくが実践している節約といえば、部屋の照明をＬＥＤにしたり、エアコンと扇風機を併用することで電気代を抑えるくらいです。

大学生たちは、移動するときに乗り換え案内アプリで調べて、所要時間よりも料金を優先して行程を決めます。

社会人であれば料金より時間を優先することのほうが多いのではないでしょうか。いつも行く美容院でこの話をしたら、「いや〜、大学生っすね〜」と驚いていました。ぼくも驚きましたが、20歳の頃は定期券を活用して電車代を節約する友人が大勢いたことを思い出しました。

どんな場面でも少しのお金を惜しみ、支払いを減らす。その積み重ねが大事だと大学生から学びました。

お金を増やす

大学生の貯金と投資

将来のための貯金はしなくていい

前章でも触れたように大学時代から、将来を考えた貯金をしておこうという意識をもつ必要はないと思います。

月に1万円貯金していたとしても、4年間で50万円にも届きません。就職すれば、すぐに貯められる金額です。

貯金をするなら、就職活動、旅行、就職時の引っ越しなど、短期的な目的のためで十分でしょう。

ぼくの周りの東大生は、長期休暇中の旅行や遊興費のためにアルバイトをしている人が多いようです。

親の年収が5000万円を超えるような学生もちらほらいて（外資系コンサルでパー

トナーをやったり、医者だったり、国外で複数の会社を経営したりしています）、彼らは好きなときに好きなだけお金がもらえるので、暇つぶし程度にアルバイトをしています。

もちろん、親からの仕送りが少なくて、学費のためにアルバイトをしている学生もいます。彼らがアルバイトをせずに、学業や学内での活動を優先できる支援が増えるといいと常々思います。

奨学金を受給していながら貯金をしている人もいるようです。奨学金が給付型のものならいいですが、貸与型で利子がつくのなら、**借金しながら貯金しているのと同じです。**

少額でもいいから始めておきたい「新ＮＩＳＡ」

将来のことを考えて貯金をするより、少額でもいいので新ＮＩＳＡを利用した投資を始めるほうがいいと思います。

次章でも詳しく解説しますが、ＮＩＳＡは「少額投資非課税制度」です。

２０１４年から始まったもので、２０２４年に制度が見直され、より利用しやすくなって「新NISA」と呼ばれるようになりました。

通常、株式などに投資した場合、売却益や分配金などの収益に対して約20％の税金がかかります。しかし、NISAを利用すれば、利益が出ても非課税になります。

株式投資というと、株価の動きを睨《にら》みながら短期で売買を繰り返すイメージがあるかもしれません。

そういう行為は「投機」と呼ばれ、投資とは区別されます。

短期的な価格変動を狙って利ザヤを得ようとするギャンブル的な行為が投機です。NISAでは投機ではなく、リスクを小さくしやすい**〝積み立てによる長期投資〟が推奨されています。**

優良な投資信託などに積み立てをしていれば、年率で5％や10％といった利回りになることも期待できます（もちろん、マイナスになるリスクもあります）。

利回りでふくらんだ分に対しても利回りがついていく複利方式であるため、投資期間は長ければ長いほど資産を増やせます。

NISAは18歳から利用できるので、大学生のうちから始めておきたい制度です。

複利効果のマジック

少額を積み立てる例で考えてみましょう。

月に5000円ずつ4年間、何かの投資信託に積み立てたとして、その4年間の利回り（年率）がずっと10％だったと仮定します。

最初の1年では6万円積み立てることになりますが、この1年では6万2829円にしかなりません。最初の月は5000円からスタートしているので、6万円×1・10倍にも届かないわけです。

2年後、積み立てた12万円は13万2239円になります。このあたりで、積み立てた額のほぼ1・10倍になります。

3年後、積み立てた18万円が20万8915円になります。少しずつながら複利効果が生まれてきています。

4年後には24万円積み立てたことになり、それが29万3619円になります。ここで5万円のプラスになっています。

大きな額とはいえませんが、銀行で同じように積み立てていたとすればどうでしょう

月5000円、4年間積み立てるシミュレーション

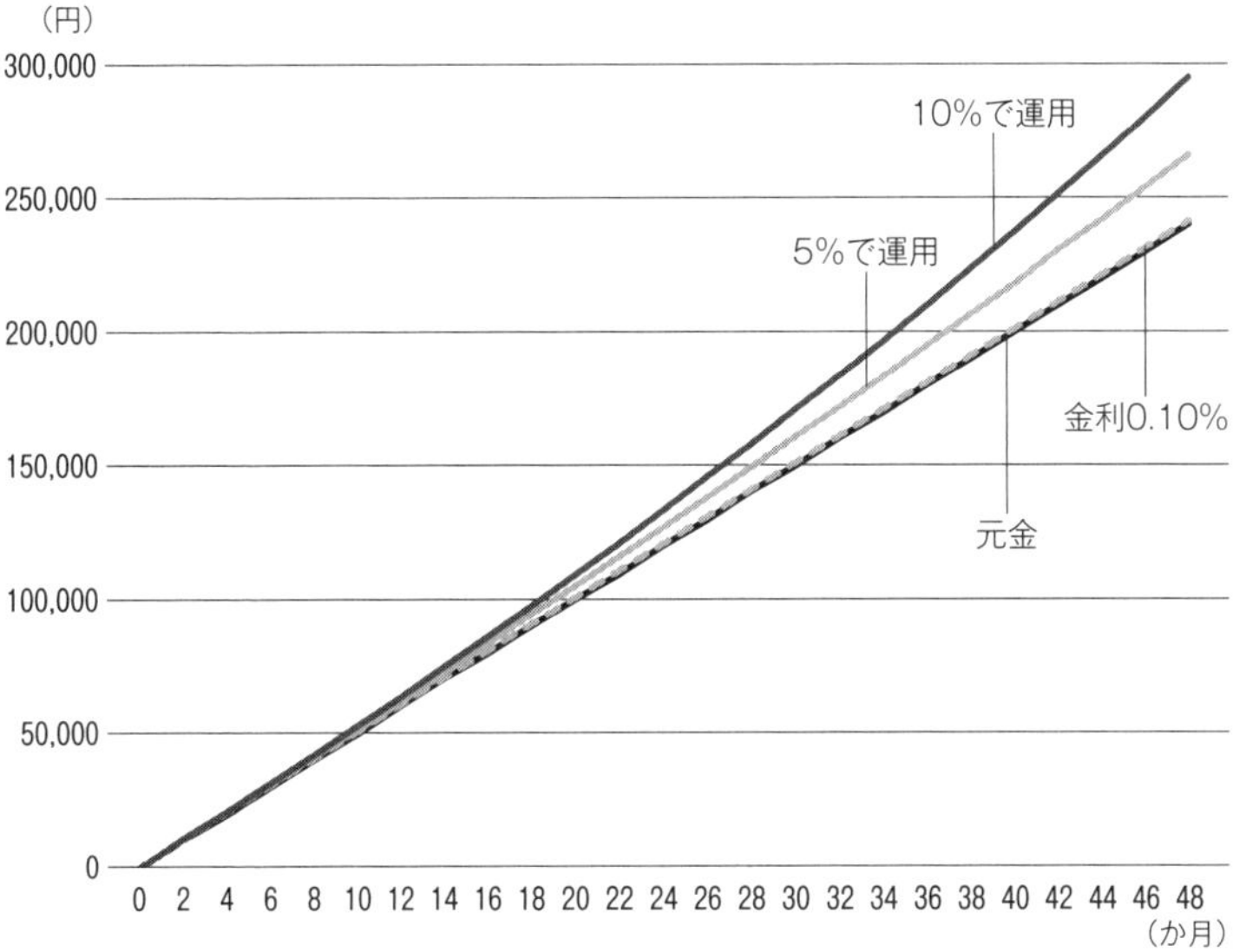

月数／年数	元金（円）	金利0.1%	5%で運用	10%で運用
1か月	5,000	5,000	5,000	5,000
2か月	10,000	10,000	10,021	10,042
3か月	15,000	15,001	15,063	15,126
⋮	⋮	⋮	⋮	⋮
6か月	30,000	30,006	30,315	30,633
⋮	⋮	⋮	⋮	⋮
1年	60,000	60,028	61,395	62,829
2年	120,000	120,116	125,932	132,239
3年	180,000	180,264	193,769	208,915
4年	240,000	240,472	265,077	293,619
⋮	⋮	⋮	⋮	⋮
10年	600,000	602,986	776,411	1,024,233

※利息端数四捨五入、月複利、非課税として計算。
あくまでシミュレーションであり、将来を予測したり、約束したりするものではありません。

か。０・10％の金利で複利計算しても24万４７２円にしかなりません。５万円の差が生まれます。

利回り10％が続いた投資信託に月５０００円の積み立てを10年続けたとすれば、60万円の積み立てが１０２万４２３３円になります。

これが複利効果です。

長く続ければ続けるほど、目に見えてプラス幅は大きくなります。

10年間ずっと５０００円ずつの積み立てを続けるわけではなく、社会人になったあとは１万円ずつにするなど**積み立て額の見直し**もできます。余裕があるなら少額であっても早いうちにＮＩＳＡで積み立てていくようにしましょう。

何に積み立てていけばいいかは次章で解説しますが（といっても、絶対の正解などはありません）、10％の利回りは夢のような数字ではなく、現実的に期待できます。

大学生のうちから投資ができるのは幸せなこと

少額の積み立てではプラスになる額は限られるとはいえ、早めに投資を始めていれば、勉強にもなります。

どういう商品に投資をするのがいいかがわかってくれば、額を増やしたときにリスクを減らせます。

「100円からでもできます」などと勧められることがありますが、100円ではさすがに積み立ての意味が薄く、勉強にもなりません。

なるべくなら5000円以上（できれば1万円以上）の積み立てが望ましい。

ぼくは最初の大学入学時点で100万円くらいの貯金があり、勉強もせずアルバイトばかりしていて貯金を増やせていました。当時はNISAのような制度がなく、投資に関する知識もなかったのが残念です。いまの時代であったなら、そのお金は貯金ではなく、投資に回していました。

それができるみなさんがうらやましくてなりません。

column

東大生たちはどんな節約、どんな投資をしているのか？

いま、ぼくは東大生になっています。だからといって、東大生の全容を把握できているわけではありませんが、なんとなくのイメージは掴《つか》めています。同級生やサークルの仲間たちとそれなりにはコミュニケーションをとっているからです。

ぼくが高校卒業後に入った最初の大学は日大でした。私立と国立の違い、あるいは時代の違いがあるかもしれませんが当時の日大生に比べれば、現在の東大生のほうが経済的には余裕のない生活をしている印象があります。

しかし、東大生の家庭の世帯年収は全国平均より高いといわれています。

東大生の家庭の40%以上の世帯年収は１０００万円を超えるという調査結果が出されたこともありました。それでも余裕のある仕送りをもらっている学生はそれほど多くありません。

節約や一点豪華主義にも東大カラーが？

キャンパスがある駒場や本郷でワンルームマンションを借りれば10万円くらいします。

家賃が高いため、最近は**シェアハウスに住む学生**が増えています。本郷キャンパス付近のシェアハウスの場合、一人あたりの家賃は3万円くらいです。

家賃は1万円しないけれど〝生活環境がハード〟といわれる三鷹寮＝三鷹国際学生宿舎に住んでいる学生もいます。

三鷹は大学から離れていますが、学生にとっては交通費も節約ポイントです。歩ける範囲であればできるだけ歩くようにしていたり、電動キックボードのシェアリングサービスを使っていたりする学生もいます。

教科書代を節約するため、古本屋やメルカリで探している学生もいます。

授業ごとに教科書があり、けっこうな価格の専門書もあるので、すべての教科書を揃《そろ》えればかなりの額になります。違法性のないＰＤＦファイルを無料ダウンロードできるケースもあります。

節約はしていても、アルバイトにかける時間が短いのは、勉強が忙しいからです。

一点豪華主義のようなことを何かしているかと聞くと、「勉強するときにカフェを使うことがある」、「パソコンはスペックの高いものにしている」といった回答がありました。

自己投資にはとにかく積極的！

周りを見ていて驚くのは、夏休みに海外に行く比率がとても高いことです。

みんなに確認しているわけではありませんが、5割くらいの友人が行っています。アメリカやフランス、ドイツに行く人も多いけれど、東南アジアやアフリカなどに行く人もいます。

一般的に学生が海外旅行をする場合、語学トレーニングを目的にしていることも少なくないはずです。東大では、自分が学びたい分野を考えて国や地域を選んでいる学生が目立ちます。

大学生の海外旅行の基本は、安く長く滞在することです。

英語にしても第二外国語にしても、語学スクールに通うことはなく、独学で、お金をかけずにやっている学生が多いのも特徴です。

スマホに「**Ｄｕｏｌｉｎｇｏ（デュオリンゴ）**」**のアプリ**を入れている人も多い。40以上の言語をクイズ式などのゲーム感覚で学べる仕組みになっていて、ぼくもスマホに入れています。無課金でも十分役立ちます。

大学や企業のワークショップに積極的に参加する学生も増えています。

起業系の講座が人気のようです。

ワークショップのほとんどは無料です。

海外の大学が無料公開している講座も受けられます。

自分にとって有意義なワークショップや講座を見つけるためには「調べる」ことが大切になるので、その段階から力を入れているようです。

自己投資に積極的なのがわかります。

大学の授業とは別に、司法試験や公認会計士試験のための勉強をしている人もいれば、**ファイナンシャル・プランニング技能士の検定**を受けている学生もいます。

この検定は3級資格を取れば、社会と関係があるお金のことをまんべんなく学べます。実際にファイナンシャル・プランニング技能士になるつもりがなくても3級を取っておくのはいいと思います。

中古のテキストを300円くらいで買えば十分勉強できます。

アプリの開発も!

アプリの開発をしている学生もいます。

起業を目指して法人登記をしている人もいれば、企業の依頼を受けて受託開発している人もいます。

ぼくの周りでは、ファミレスや居酒屋、カフェなどでバイトしているという話を聞いたことがありません。もちろん探せばいるはずですが、やはり家庭教師や塾講師のアルバイトが多いようです。

企業インターンをしている人も大勢います。

外資系企業やベンチャーなど、対象とする企業はさまざまです。

GAFAのとある企業のインターンに採用されるためには、8回くらい面接が必要だと聞きました。企業がインターンを重要視していることがわかります。

一般的にインターンがどういうレベルの仕事を任されやすいのかはわかりませんが、**実務レベルでプログラムを書いている学生**もいるようです。

ＮＩＳＡでの投資も!!

ＮＩＳＡについて「やってる？」と聞いてみると、やっていると答える学生はわりといました。ぼくが直接、聞いたなかでは、ちょうど5割でした。全学生を調べた場合、10％くらいはいるのではないでしょうか。

月に1万円か2万円をオルカン（eMAXIS Slim全世界株式〈オール・カントリー〉＝全世界株型投資信託）に積み立てるといったスタンダードなパターンが多く、堅実でした。

この本のために、あらためて何人かの東大生に話を聞いたり、周りの学生を観察してみたりしましたが、海外旅行に行く学生と、ＮＩＳＡをやっている学生の多さは予想を超えていました。

まず大学の勉強を大切にして、時間があるならアルバイトをする。それによってお金ができたなら、自己投資、あるいは資産投資に回す（資産投資を目的にバイトをする必要はない）。

多くの東大生がそうしている気がします。

単に現在の生活を考えるのではなく、先を見据えていますね。

第3章

新社会人で投資は前提にする

気になる現実

新社会人の家計簿

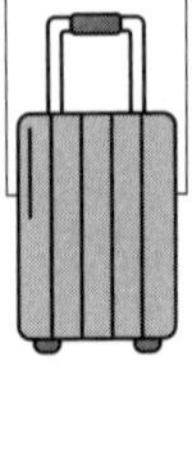

社会人1年目のひとり暮らしはラクじゃない

大手不動産会社の調査では、20代ひとり暮らしの平均家賃は約６万５０００円となっていました。ただし、首都圏では約7万円とエリアによる違いがあります。

家賃を除いた生活費平均が約13万円、そのうち食費にあてられるのが約４万５０００円という数字もあります。

首都圏で家賃と生活費を合わせれば約20万円になります。

大卒初任給が23万円なら手取りは約18万円。

初任給25万円なら手取りが約20万円。

月の生活費には少し足りないか、同じくらいの金額です。

住宅手当がどの程度あるかによって余裕はまったく違ってきます。もし、住宅手当がなければ、毎月、ギリギリではないでしょうか。

社会に出てしばらくはなんとかしのいでいきながら、給料が上がる20代後半くらいから生活にゆとりをもたせて貯金を始める。

そんなパターンになるかもしれません。

ぼくの公務員時代にも「社会人1年目のひとり暮らしはきつい」という話はよく耳にしました。

社会人2年目になると、ボーナスは増額されるものの、**6月からは毎月の給料から住民税が天引き**されます。

住民税は、前年の所得に対して賦課され6月から翌年5月にかけて支払っていく税金です。

そのため、**社会人1年目よりも2年目のほうが手取り額が下がる場合**があります。

ひとり暮らしをするなら、1年目、2年目はとくに家計が厳しくなることを覚悟しておいたほうがいいかもしれません。

奨学金の返済がある人は特に注意しましょう。

生命保険への加入を急ぐ理由はない

入社するとすぐに生命保険に勧誘されることがあります。個人的には、その段階で生命保険に加入する必要はないと考えています。

「若いうちに入ったほうがいい」。

本当にそうでしょうか。

「急な病気になったときに入院費が出る」、「若いうちに入ったほうが保険料が安くなるので得だ」と言われますが、保険の外交員ですら「独身なら入らなくていい」と言うことがあります。

保険というものはそもそも保険会社が損をしないように設計されています。誰かが亡くなれば保険金を払わなければならないけれど、それを上回る保険料を回収できれば問題ない。そうした確率を計算したうえで保険料が設定されています。基本的な考え方として〝お得な保険〟などはないといっていいでしょう。

健康保険に加入していれば、**医療費が1か月の上限額を超えた場合には、超えた分が**

支給される「高額療養費制度」があります。

この医療費の上限額は年齢や所得によって定められています。69歳以下で年収370万円以下なら5万7600円です。ひと月に何十万円、あるいは何百万円といった医療費がかかったとしても、保健医療の範囲内であれば自分が払うのは5万7600円で済みます。

こうした制度を知っておいたうえで、保険に加入するか考えましょう。

若いうちに入ったほうが掛け金が低いといっても、早くから保険料を払い続ければ、生涯に支払う掛け金は多くなります。

保険には「掛け捨て」と「貯蓄型」があります。貯蓄型の保険が満期になったとしても、大きく増えているケースはほとんどありません。

掛け捨ての保険は、文字どおり何も返ってきません。

保険会社の社員に知り合いがいます。「保険に入ったほうがいいですか？」と聞くと、「どうして入ろうと思うのか」と返されました。

「配偶者も子供もいなければ入る理由はないと思いますよ」と続けます。

保険に入ることを考えるなら、社会人になったタイミングではなく、結婚などを契機にするのがいいと思います。

保険に入ったとして、死亡保険金の受取人は誰にしますか。「親」と答える人は素晴らしいですね。でも「妻や子供に残したい」と考えるようになってから加入を検討してはいかがでしょうか。

知らないと損する

新社会人の貯金と節約

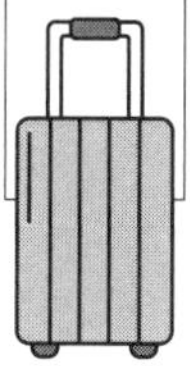

20代の貯金額はいくら？

金融広報中央委員会の調査（２０２２年）によれば、**20代の平均貯金額は１７６万円**だそうです。

ただし、この調査では20代の約４割が「貯金を含む金融資産を持っていない」こともわかっています。また、抜きん出て多額の貯金をしている人もいるため平均値は上がりますが、中央値は約20万円です。

要するに20代の半分は、**まったく貯金ができていないか、貯金は20万円程度しかできていなくてもおかしくはない。**

20代前半ということであれば、なおさらその傾向が強くなるでしょう。

ぼく自身は、大学時代、公務員時代と実家暮らしだったので、平均値以上には貯金ができていました。国税局を辞めてNSC吉本総合芸能学院に入った段階でも300万円ほど貯金がありました。

貯金ができる人とできない人を比べれば、お金に対する考え方が根本的に違うと思います（単純にいえば、お金があればその分は使っていいと考えるのが「貯金のできない人」です）。ただ、ぼくの場合はやはり実家暮らしであることが大きかった。

社会に出ると同時にひとり暮らしを始めた場合、日々の暮らしにも苦戦しやすいだけでなく、貯金するのはなかなか難しいと思います。

とはいえ、ぼくはひとり暮らしを始めてからも、貯金を減らしたことはありません。

独身であれば、「給与の20%を貯金に回すのが理想的」ともいわれています。

住宅手当がないので余裕がない、奨学金の返済があるので厳しい……といった人なら無理をする必要はありません。しかし、なんとかなると思うのなら、そうした基準を目安にして、貯金を始めていくのはどうでしょうか。

給料が20万円なら4万円、25万円なら5万円です。

月々5万円を貯金に回していけば、1年で60万円、5年で300万円になります。

月に5000円では、1年で6万円、5年で30万円にしかなりません。それでは大学生が卒業旅行の資金を貯めるのと変わりません。

「生活防衛資金」はいくら必要か？

「生活防衛資金」として、**何かあったときのために月収の3～6か月分は貯金しておくのがいいといわれます。**

社会人初年度にそれだけの貯金をするのは難しいかもしれませんが、引っ越しにも、それくらいのお金は必要です。

1年目、2年目くらいならともかく、5年目などになっても月収3か月分レベルの貯金がないのであれば問題意識をもつべきかもしれません。

自動的に貯金ができるシステム

「月末にお金が余っていたら貯金に回そう」といった考え方をしていては貯金はできません。

本気で貯金をする気があるのなら自動的に貯金ができるシステムをつくりましょう。

やり方は簡単です。

銀行の口座を2つ、つくること。

そして、給料の振り込みがあったら、そのうち3万円、あるいは5万円といった固定額を〝貯金用口座〟に移します。貯金用口座のお金に手をつけないようにしていれば、自然とお金は貯まっていきます。

このやり方を推奨しているのはぼくだけではありません。ファイナンシャルプランナーなど、多くの人がすすめている基本的なテクニックです。「つい使っちゃった」という事態をふせぎ、**計画的に貯金ができる方法**です。

口座を増やしすぎると管理が大変なので、引き落としなども含めて普段使いにするメイン口座と貯金用の口座の2つに絞りましょう。

すでに口座が多い人は、その2口座以外は閉じてしまってもいい。

給料をはじめから複数の口座に分けて入金してくれる企業もあります。

ぼくが勤務していた国税局もそうでした。

給料を入金するための預金口座を登録する際、口座を書く欄が2つあり、入金を分けられるようになっていました。

ぼくは、そこで初めてそういうやり方があることを知り、その場で貯金用の口座を設定することにしました。

もし、あなたの会社で入金を複数の口座に分けることが可能なら、実践してみてください。

給料を分割して一部を自動的に貯金に回すようにすれば、毎月使えるお金はそれだけ少なくなります。でも、それが手取り額だと考えましょう。

当時、実家暮らしだったぼくでも、「今月は苦しいな」と思うときがありました。それでも貯金を切り崩すようなことは絶対にしなかった。買いたいものがあった場合はボーナス月まで待つなどして、なんとかやっていました。

1年で100万円貯金するには

1年で100万円を貯金しようと考えるのであれば、毎月8万円から8万5000円を貯金する必要があります。

社会人1年目で手取りが18万円だとしたら、住居費を含めた生活費を10万円に抑えることができれば、貯金用の8万円はつくれます。

住宅手当が手厚いか、会社に寮があるなら、可能かもしれません。大学生の生活よりも、少しゆとりがあるくらいです。

住宅手当がなければ、まず家賃を抑えるところから考えましょう。

そのうえで、食費などを極端に切り詰めていかなければ、毎月8万円はつくれないと思います。

ボーナスも含めた年収で考える方法もあります。

大卒の入社3年目くらいで年収350万円に達するケースが多く、その場合、手取りは260〜280万円ほどになります。**ボーナスを年間で均《なら》して月々の生活費にあてれば、ひと月あたりの生活費は22〜23万円ほど**です。

家賃を5万円前後にして、食費や通信費、交通費などもできるだけ抑えていけば、毎月8万円は貯金に回せます。

大卒1年目では2度のボーナスを含めても（2度のボーナスのトータルで2〜2・5か月分になるとして）、年収は300万円ほど、手取りで240万円くらいです。

そうなると、ボーナスを生活費に均す月額は20万円です。毎月8万円を貯金していく

1年間で100万円貯金するには

社会人1年目（ボーナスなし）

	手取り月収	18万0000円
−	生活費	9万6000円
	貯金	8万4000円 × 12か月 = **100万**8000円

住宅手当や会社の寮があれば大学生より少しゆとりあり

大卒社会人1年目

年収………300 万円（ボーナス込み）
手取り……240万円

	平均手取り月収	20万円
−	生活費	11万6000円
	貯金	8万4000円 × 12か月 = **100万**8000円

住宅手当や会社の寮がなければ難しい

大卒社会人3年目

年収………350 万円（ボーナス込み）
手取り……260万～280万円

	平均手取り月収	22～23万円
−	生活費	14～15万円
	貯金	8万4000円 × 12か月 = **100万**8000円

家賃5万円前後にし、食費・通信費・交通費を抑えれば可能

なら実質家賃は2〜3万円に抑えたい。会社の寮や住宅手当てがなければ難しいと思います。

費用対効果を考える習慣

倹約を考えるとき、「何にお金を使うか？」を考えるべきなのは、大学生であっても社会人であっても同じです。

前章でも「本当に必要なのか」、「代金を支払う価値がある買い物なのか」をよく考えてから買うかどうかを決めるべきだと書きました。

後悔につながるような買い物を繰り返していては絶対にお金は貯められません。

何かを買おうかと思ったとき、

- いつ使うのか
- どのくらい使うのか
- 費用対効果はどうか

といったことを考える習慣をつけるのがいいと思います。

たとえばぼくは、電動アシスト付き自転車を買おうか迷ったことがありました。

住んでいるマンションの駐輪場を無料で使えるので、自転車があれば、時間もお金も節約できるのではないかと考えたからです。

当時流行り始めていたオランダ製の自転車（15万円）に決めたところで、マンションの近くにポートがあるシェアサイクルを利用した場合と比べてみることにしました。

シェアサイクルの1回の使用料はおよそ200円。

月に2回利用するなら月額は400円、年間では4800円になります。

その利用頻度であれば、支払額が15万円に到達するのは31年後です。

自転車を買うのはやめて、シェアサイクルを利用することにしました。

その後自転車に乗る機会も減っていったので、15万円の買い物をしなくてよかった。正しい選択でした。

一時の感情や所有欲に流されず、費用対効果を考えたからこそ大きな出費を抑えられました。

シェアリングエコノミーが拡大し、自動車のレンタルの利便性もひと昔前より向上しました。自分のクルマが欲しい！という気持ちが強い人は多いでしょう。しかし、そういうときには一度費用対効果を考えましょう。

それは意味のある買い物なのか

何年か前にロボット掃除機のルンバを買いました。

当時のぼくは毎日、フローリングワイパーを使って部屋の掃除をしていました。

1日5分を掃除にかけていたとすれば、1か月に150分掃除をしていることになります。

自分の時給を仮に1万円とすると掃除に費やした時間は月に2万5000円分です。

すぐにルンバの元が取れると考えて購入を決めました。

流行りものに惹《ひ》かれたとか、ラクをしたかったとかいうことではなく、時間を節約するために買ったわけです。

自分がやっていた労働をルンバに代わってもらい、その分、自分の時間が増えるなら、意味のある買い物だと考えています。

高価な買い物とご褒美の是非

何年か前に比較的高価な腕時計を買いました。

ぼくは個人事業主としてさまざまな人に会います。初めて会う人から仕事をもらうこともあります。そのたびに交渉もしますが、「仕事を依頼するか」、「そのギャラをいくらにするか」を決めるのは基本的に相手（発注側）です。

相手は、アルバイトをしている人に高いギャラは払わないでしょう。しかし、ぼくがアルバイトをしているか、そうでないかはわかりません。

まさか「なんのバイトしてるの？」と合コンで会った女の子みたいに聞くことはできない。

しかし、「さんきゅう倉田、バイトしてるのかな、してないのかな、どっちかな。バイトしてるなら、時給が1500円だとして、ギャラは3万円くらいで十分かなあ」と考える。

だから、バイトをしていないことを伝えるために、腕時計が必要でした。

腕時計の効果がどこまであったかを数字にできないけれど、出費以上の効果を得られているように感じます。

スーツなどもそうですが、腕時計や靴などは、ビジネスをしていれば相手に見られます。

「身なりを整えることを軽視しない」、「なんでもかんでも節約するのではなく必要なところでの出費は惜しまない」という感覚をもつことは大切です。

仕事がうまくいったときなどに〝自分へのご褒美〟として思いきった買い物をする人もいるようです。

そういうご褒美は不要です。

何かがうまくいったのだとすれば、その時点ですでに嬉しいので、ご褒美の効果は薄い。

それよりは、何かつらいことがあったときに美味しいものを食べて、早く元気を取り戻すようにしたほうがいい。

気分のいいときのご褒美より、気分の悪いときに何かを得るほうが、対価に対してリターンが大きいからです。

いずれにしても、思いきった買い物をするときは、衝動的に決めるのではなく、〝そのアイテムが自分にとってどれほどの意味をもつか〟をよく考えて決めるのがいいと思います。

ステータスを得るためにどこまでお金を払えるか

以前アメックス（アメリカン・エキスプレス）のクレジットカードを使用していた時期がありました。村上龍さんの小説のなかでアメックスについて書かれていて、「いつかカードを持つならアメックスがいいな」と思っていたのが選んだ理由です。

アメックスはやはり〝ステータス〟です。

店での支払いでアメックスを出すと、会計の人の顔つきがちょっと変わる気がしました。腕時計やスーツなどと同じように、アメックスを持っていることがひとつの指針になるわけです。

10年くらい使って、プラチナ・カードのインビテーションが届いたときに解約しました。10万円を超える年会費に気持ちが冷めてしまいました（2024年現在、ビジネス・ゴールド・カードの年会費は3万6300円、ビジネス・プラチナ・カードの年会費は16万5000円）。

それ以降、前出のソラチカカードを使うようになりました。ステータスより、実を取ったわけです。

〝リボ払い地獄〟に落ちないために

欲しいモノすべてを買うことは当然できません。

欲しいモノを買うときは〝どれだけ欲しくて、どれくらい使うか〟を考える。

そういう習慣をもつことが大切です。

何か大きな買い物をしたいときには、しっかりと予算を考え、決して来月の自分に委ねない。リボ払いにして苦しむのはいまのあなたではありません。無数にいる未来のあなたです。計画的にお金を用意します。

月々の支出を見える化し、どの部分の支出を抑えればそのお金をつくりだせるかを計算します。何もせず欲しいモノを欲望のままに買っていたなら、リボ払い地獄にハマってしまいます。

ウーバーイーツを使ってマック⁉

ウーバーイーツのような食べ物の宅配サービスはほとんど使っていません。

知り合いのなかにはウーバーイーツで配達をするバイトをしていながら、自分でもウーバーイーツを利用している芸人がいます。

意味がわかりません。

せっかく稼いだお金をどうしてそんなふうに使えるのか⁉と理解に苦しみます。

ちなみに、ウーバーイーツのバイトをやっている人に聞いたところ、ウーバーイーツでよく利用されるのはマクドナルドやスターバックスだそうです。

マクドナルドにもデリバリーサービスはあります。商品合計金額が1500円（朝マックは1000円）以上でないと利用できないようですが、料金は300円です。

そもそも「**それくらい自分で買いに行ったらどうなのか**」と思っています。

これまでにどれくらい食べてきたかわからないほど馴染《なじ》みのある食べ物、いわば日常食をわざわざ配達してもらおうと考えること自体、ぼくには解せません。

マクドナルド美味しいですよ。めちゃくちゃ美味しいけれど、どこにでもある。いつでも食べられる。わざわざ通常より高い料金を払って食べることに抵抗はないのでしょうか。

横着せずに、その分貯金に回しませんか。

公共料金の支払いは自宅で済ませる

日々の生活スタイルや支払い方法についても細かく見直していきましょう。

ぼくの場合、公共料金や税金など、**ほとんどの支払いはＰａｙＰａｙ**で行っています。紙の請求書が届くものでも、バーコードがあれば家で支払いを済ませられます。

コンビニなどに行く手間が省けるなんて素晴らしい。技術の進歩を感じます。

日々の買い物も、ＰａｙＰａｙかクレジットカードの一括払いのどちらかなので、現金を使う機会はほとんどありません。

「今日はＰａｙＰａｙが使えない店でラーメンを食べよう」と決めている日などを除けば、財布を持ち歩きません。

さまざまな場面で使えるＰａｙＰａｙ

ＰａｙＰａｙはいま、投資なども含めて、さまざまなシーンで使えるようになっています。みんなでランチをしたり、飲みに行ったりした際の精算に用いられるケースも増えました。

みんながＰａｙＰａｙを利用していれば、「送る・受け取る」機能を使って、お金のやり取りができます。

飲み会などでは途中で帰ることになった人がちょっと多めの金額を置いていくようなことが散見されます。

ＰａｙＰａｙを利用していれば、それがなくなります。

その場ではお金を置かずに帰ってもらい、その後、「一人あたり３０００円だったから、送って」と連絡すれば、ＰａｙＰａｙを使って送金してもらえます。

以前のＰａｙＰａｙには「わりかん（割り勘）」という機能がありましたが、これは「グループ支払い」という機能にリニューアルされました。

連絡先リストからグループをつくり、会計のトータル料金を入力すれば、割り勘にした額が計算されます。Aさんには多めに払ってもらい、Bさんはその分安くするといった調整もできます。

10人くらいの会食をセッティングすると、いまだにPayPayを使っていないおじさんが参加していたりします。事前に「PayPayで決済します」と伝えていても、わざわざ登録まではしてくれない。

いつか導入するなら、いまやりましょう。永遠にやらないわけにはいきません。社会全体の効用を高めるために、連帯が必要です。

オートチャージを設定しているもの、していないもの

残高が設定金額を下回ると、銀行口座から自動的に入金される便利なサービス、それがオートチャージ。これを使わずに、月に何度も入金するなんて考えられません。

ぼくの場合、PayPayのオートチャージは使っていませんが、Suicaのオートチャージは使っています。

Ｓｕｉｃａはチャージ上限が２万円と少なく、すぐに残高がなくなってしまいます。だから、残高１万円を切ったときに１万円が自動でチャージされるオートチャージの恩恵を受けやすい。

一方でＰａｙＰａｙは、銀行口座からチャージできる上限が50万円に設定されていいます。友人との「送る・受け取る」のやり取りもあるので、残高があまり減りません。減ったとしても、５万円や10万円をまとめてチャージするので、チャージする機会が少ない。だから、オートチャージを設定していません。

便利なモノを便利に使えない人たち

駅の券売機を使って、Ｓｕｉｃａに１０００円チャージしている友人を見たことがあります。

「どうして？」と聞くと、「もったいないから」と返されました。

「もったいない」の意味がわかりませんでした。

いまはそれ以上使わないからお金を入れておくのが惜しいという意味なのでしょう。

いま５０００円をチャージすれば今月の家計が苦しくなる、ということなら、まだ理解できます。しかし、それくらいギリギリで生活しているのでしょうか。そうでないなら、1000円しかチャージしない理由がわかりません。

もしその友人に理由を聞いたなら、「チャージするたびに手数料が取られるわけじゃないからいいじゃん！」と反論されるかもしれません。しかし、1万円をチャージしておいたほうが手間が省けます。

そこに価値を見出さないことが、ぼくには不思議です。

そもそもSuicaは、切符を買う手間を省くために使います。1000円ずつしかチャージしないのであれば、何回か乗っただけで、再びチャージする必要が生じます。それでは毎回、切符を買うのと手間はたいして変わらない。便利なモノをまったく便利に使えていない。時間をムダにしています。

……あまり時間、時間と言っていると、毎日がつまらないのではないかと思う人もいるかもしれませんが、ぼくだってダラダラすることもあります。

自分の時間を好きに使っているのだから、それはべつにかまいません。ただやはり、ムダなことには時間を使いたくない。

時間は有限であり、お金を生み出してくれる資源でもあるからです。

知らないと損する

新社会人の常識

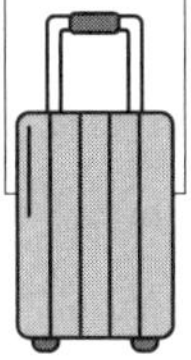

副業のススメ

収入を増やしたい、無理な節約生活をしないで貯金か投資をしたいと考えるなら、副業はどうでしょうか。

副業については、認めている会社と認めていない会社があります。

労働基準法に副業を禁止する規定はありません。 しかし、就業規則のなかに「副業禁止」と明記している会社はあります。その場合は就業規則に従いましょう。

副業が禁止されていない会社に勤めているなら、早い段階から副業を考えてみてもいいでしょう。

「入社1年目から副業をしていてどうする！」「まだ仕事も覚えてないくせに！！」と言われることもあるかもしれません。しかし、会社が禁止しておらず、本業に悪い影響を及ぼさないなら問題はないはずです。

土日をダラダラ過ごしているくらいなら副業にあてるのもいい。1週間休みなしでは疲れがとれないなら、土日のどちらかだけでもいい。好きな分野で副業をすれば、仕事の疲れも吹き飛びます。

働くのは嫌なことではなく、楽しいことだと信じています。

お金を増やしたいなら、節約を考えるより、まず稼げる金額を増やすこと（もっと働くこと）を考えるべきだというのがぼくの持論です。

副業をする場合、将来につなげるためにも、できるだけ好きなことに近い分野を見つけましょう。

土日のどちらかに日給1万円の仕事をすれば、月に4万円、年間で約50万円になります。

最初の大学時代のぼくは、服を買うときなどには、月々のバイト代を考えながら、その範囲内で買うようにしていました。自分でルールを決めれば、貯金もしやすくなります。

副業の収入でも同じようにルールを決めます。

正規の給料は生活費と貯金にあてて、副業による収入を洋服代や遊興費に回す。「副業の収入を超える金額の服は買わない」、「毎月の予算を超えたら飲み会には行かない」などと決めます。

逆に、副業で得た収入をすべて貯金、あるいは投資に回す、といった考え方もできます。

自分のルールを守れたなら、きっと資産を増やしていけます。

転職はしないほうが人生設計は立てやすい

ぼくの場合は公務員をやめて芸人になるという方向転換をしましたが、最初に就職した会社に定年まで勤める人はまだまだ多いと思います。

マイナビキャリアリサーチＬａｂの調査によれば、**２０２３年の１年間における転職率は７・５％**だったそうです。

年代別に見ると、20代が転職者の34・０％を占めていて、最も多くなっていました。30代が32・０％で、40代、50代と転職率は下がっていきます。

別の調査では、「すでに定年退職している人のうち約50％は一度も転職しなかった」、

「就職活動に臨む大学生や大学院生の半数以上が同じ会社で定年まで働くことを希望している」といった結果も発表されていました。

転職率は今後も上がっていくと予想されます。それでも、いま現在でいえば、転職するのが当たり前というほどの状況ではありません。

月並みな意見になりますが、まず定年まで勤めあげたいと思えるような会社に入ることを目指し、会社に入ったあとは、自分に与えられた役割をしっかりこなしていくことが大切ではないでしょうか。

転職するつもりがないのであれば、**10年後、20年後の年収がどうなっているか**予想しやすくなります。

いつ頃結婚してマンションを買うのか、子供は何人で、私立と公立どちらの学校に入れるのかといった人生設計もしやすくなります。

転職すれば生涯賃金を減らしてしまうこともある

希望の部署に配属されなかったために、入社して辞令が出たその日に会社を辞めてしまう人がいると聞きました。

2~3年ほど頑張ってみた結果として転職を考えるならともかく、何もしないうちに辞めたのでは、得られるものはありません。

3か月で辞めるようなことを繰り返していたなら60歳までにどれだけ退職することになるのでしょうか？

150回ほど退職することになります。

転職のたびに、よりよい仕事が見つかるとは限りません。むしろ、よほど優秀な人材でない限り、条件は悪くなっていく。

配属先に納得がいかない人なんてどこにでもいます。嫌な仕事に耐えながら頑張っている人だって無数にいます。本当に好きで好きでたまらない仕事ができている人はおそらく少数派になるのでしょう。どこまで仕事を楽しめているかは個人差があるにしても、世の中の人たちはみんな、妥協点を見つけて働いています。

自分の好きな仕事をしてほしい。けれど、いまの仕事のなかで好きな部分を見つけることも重要です。仕事の文句ばかり言えるほど、あなたは完璧な人間ですか。

闇雲に会社を辞めるのではなく、どのように転職をするのか考えてから辞めましょう。

自分の能力が活《い》かせる会社、あるいは自分を評価してくれる会社に転職するほうが、合理的です。

いずれにしても、**あまりにも簡単に会社を辞めていたのでは、経歴のうえでマイナスになるかもしれません。**

キャリアアップにつながらない転職は、生涯賃金を減らしてしまいます。

「年末調整」とは何か

「年末調整」と聞いて「何それ?」と戸惑う人もいるかと思います。

簡単にいえば、**所得税の過不足を精算する手続き**です。

日本は申告納税制度を採用しているため、所得がある人は自ら確定申告をして所得税を納めます。

しかし、6000万人以上いる日本の労働者が確定申告をすれば、税務署の処理能力を超えてしまいます。

煩雑な作業を毎年強いられることは納税者にとっても酷です。

そこで年末調整です。

勤務先が従業員のために年末調整を行うことで、従業員たちは煩わしい確定申告から解放されます。

一方で、個人事業主や副業をしていて20万円以上の所得がある会社員は確定申告が必要です。

医療費控除など、年末調整の対象とならない控除を受ける場合も確定申告をしなければいけません。

企業の負担が著しいため年末調整廃止を唱える専門家もいますが、ぼくはすばらしい制度だと思っています。

みなさんも勤務先に感謝して、制度を享受してください。

なお、年末調整では、多くの場合 **〝払いすぎた税金を還付してもらう〟ことに**なります。

医療費控除は確定申告で

会社に年末調整をしてもらっている会社員であっても、それとは別に確定申告をしなければならないケースや、したほうがいいケースがあります。

副業による所得が20万円を超えれば、確定申告をしなければならず、年間を通して多額の医療費がかかったときなどは確定申告をしたほうが納める税金が少なくなります。

1月1日から12月31日までの医療費が10万円を超えると、一定額が所得税から控除されるからです。

【医療費控除対象額】＝1年間の医療費－（保険金や給付金）－10万円（所得が200万円未満なら所得金額の5％）

【還付金】＝医療費控除の金額（最高200万円）×所得税率（5～45％）

【所得税率】

・課税される所得金額1000～194万9000円なら5％
・課税される所得金額195万～329万9000円なら10％
・課税される所得金額330万～694万9000円なら20％……など

所得が200万円以上で、医療費合計がちょうど10万円だったなら還付金は発生しません。

所得が200万円以上で医療費が30万円であれば、30万円－10万円の20万円が医療費控除の金額となります。

この場合の還付金は、20万円×所得税率です。

もし課税される所得金額が350万円だとしたなら、20万円×20%で4万円になります。

4万円のために確定申告するのは面倒だと思うでしょう。

人は4万円を取られるときには激しく抵抗するけれど、4万円をもらうためにはなかなか頑張れません。

確定申告をしたことがなければ、申告方法を調べ、書類を用意し、パソコンを開くだけで一苦労です。

少し手間取っただけで、著しくやる気を失うでしょう。しかし、実際にどれくらいの時間がかかるか測ってみてください。その時間と働いて4万円得るときの時間と比較してみてください。きっと、確定申告をするほうが効率的にお金を得ることができます。

面倒を乗り越えた先に、素晴らしいリターンが待っています。

ふるさと納税をした場合は……

ふるさと納税が税金の控除の対象になることはよく知られています。

ふるさと納税は原則として確定申告により控除の手続きを行います。

ただし、条件を満たせば、確定申告より手続きが簡単な**「ワンストップ特例制度」**を利用できます。

その条件は……、

・収入が1か所からのみの給与所得者

・収入合計が2000万円以下

・ふるさと納税以外で確定申告を行わない

・ふるさと納税で1月1日から12月31日に寄付をした自治体数が5か所以下

この条件に当てはまるなら、ワンストップ特例制度を利用しましょう。

なお、住宅ローンを組んだときも確定申告を行うことで控除が受けられます。

世の中には**知っていれば、払わずに済むお金、手にできるお金があります。そういった情報に対してアンテナを張り、友人との情報共有を欠かさないことが重要です。**

お金を増やす

新社会人の投資術

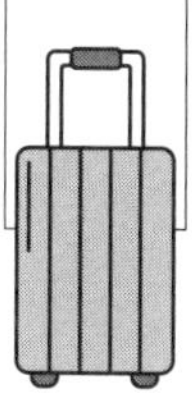

いまさら人に聞けない、ＮＩＳＡの基本

月々、３万円や5万円を貯金しようと考えたとき、**〝貯金ではなく投資〟**に回すのはどうでしょうか。

投資は危険ではないかと思われるかもしれませんが、やり方次第では、貯金よりもはるかに意味のある積み立てになります。

２０２４年10月現在、メガバンクの普通預金の金利は０・10％です（それ以前は０・02％でした）。１００万円を1年間預けていたとして金利は１０００円です。

ＮＩＳＡの基本について、あらためてまとめておきます。

証券会社などを通してＮＩＳＡ口座を開設して（ネット上で簡単にできます）、そこで投資した金融商品から得られる利益については非課税になります。年間で投資できるのは最大360万円という制限があり**「少額投資非課税制度」**とも呼ばれています。

年間360万円までしか投資できないといっても、ひとり暮らしの20代、30代にとっては十分な額です。均等に積み立てていくならひと月に30万円まで投資できます。

非課税のメリットにピンとこない人もいるかもしれませんが、通常、投資の収益に対しては約20％の税金がかかり投資により100万円の利益が出れば20万円の税を納めます。

通常20％の税金が免除されるというのはとてつもないメリットです。

新NISAには「つみたて投資枠」と「成長投資枠」があり、年間360万円という限度額は、つみたて投資枠の120万円と成長投資枠の240万円に分けられます。

NISAは〝家計の安定的な資産形成を支援するための制度〟とも位置づけられていて、ここで推奨されるのは短期売買型のギャンブル的投機ではありません。

NISAで行うべきなのは**リスクを抑えた長期投資**です。

つみたて投資枠で対象となるのは、一定条件を満たした「投資信託」に限られます。

投資信託は、比較的安定した資産形成につながりやすくなっています。

投資信託とは何か

投資信託についても説明しておきます。

株式投資といえば、企業ごとの株（個別株）を買うイメージが強いと思いますが、それだけではありません。証券会社などの運用のプロが、一般の人からお金を集めて、複数の株式などに投資して、その成果を投資家に分配するかたちをとることがあります。それが投資信託＝ファンドです。

そう聞くと、実際にはどんな投資がなされているのかはわからず、任せきりになるのではないかと思われるかもしれませんが、そんなことはありません。

ファンドごとに運用方針が示されていて、「どんな企業にどんな割合で投資しているか」は報告されます。そうした報告などを見て、信頼できそうなファンドを選びます。

投資信託の種類はさまざまです。

ファンドの特色によっても違いますが、スタンダードなファンドであれば、トヨタ自動車やソフトバンクグループ、三菱商事など、幅広い分野から厳選した数社（数十社）

の株式に投資していくかたちが取られます。海外株を中心に投資しているファンドであれば、アップルやＡｍａｚｏｎなどに投資していることもあります。

ファンドへの投資は**〝複数の企業の株が入っているボックス〟を買うようなもの**だとイメージしてください。

ボックスのなかにあるそれぞれの会社の株価がどのように変動しているかのトータルによってファンドの収支が計算されます。それがファンドの値段ともいえる「基準価格」になります。

基準価格は株価に左右されるので、日々変動します。

ファンドが投資している企業のなかから株価を下げた企業が出ても、株価が上がった企業があったならその分をカバーできます。

このようなリスクを抑えられる効果を**分散投資効果**といいます。

ひとつの投資信託に積み立てをしていれば、それだけで分散投資ができていることになりますが、複数の投資信託に積み立てをすれば、さらにリスクを分散できます。

毎月の積立額を決めていれば、毎月の指定日に積立額で買えるだけの口数を買うことになります。多く買える月もあれば、少なくなる月も出てきます。

基準価格が上がれば利回りが良くなり、基準価格が下がっている月には多くの口数が買えるので一長一短です。

積み立てによって保有分は増えていき、いつでも売却できます。

「インデックスファンド」の構造

投資信託はアクティブファンドとインデックスファンドに分けられます。アクティブファンドとは、状況に合わせて、投資先企業の入れ替えや配分変更を行いながら運用していくタイプのファンドです。

一方、インデックスファンドは、日経平均株価や東証株価指数（ＴＯＰＩＸ）など、特定のインデックスに絞って投資をするファンドです。インデックスファンドでは、**対象とするインデックスに連動した運用成果**を目指します。

たとえば、日経平均株価をターゲットにしたインデックスファンドであれば、この２２５銘柄のうち２００銘柄以上の企業に分散投資します（※日本経済新聞社が東京証券取引所プライム市場に上場している約１６００銘柄のうち２２５銘柄を選定して、その株価から算出される指数〔インデックス〕です）。「ボックスのなかには数社（数十社）の株が入っているイメージ」と書きましたが、インデックスファンドでは数百社の株が入っていることもあります（後述するように数千社の場合もあります）。

インデックスファンドの基準価格は、日経平均株価など、ターゲットとしているインデックスとほぼ連動することになります。

こうしたインデックスファンドに投資をしていれば、ファンドに組み入れられている企業それぞれの業績や株価を注視していなくても、日経平均株価などの動きを見ているだけでファンドの基準価格がどうなっているかはおよそ推測できます。

「わかりやすい」、「安定したリターンが得られる」ということがインデックスファンドのメリットです。

「オルカン」と「S&P500」

「オルカン」という言葉を聞いたことがある人は多いと思います。NISAの代名詞ともいえそうなほど、よく取り上げられるインデックスファンドです。

オルカンの正式名称は「eMAXIS Slim 全世界株式（オール・カントリー）」。

MSCIオール・カントリー・ワールド・インデックスに連動した投資成果を目指しているファンドです。

このインデックスは、アメリカを中心とした先進国23か国（地域）と新興国24か国（地域）の株式市場に上場する約3000社の株から構成されています。〝ボックスのなかにある会社〟は数千社になっています。

「S&P500」という言葉も聞いたことがありますか。

こちらの正式名称は「eMAXIS Slim 米国株式（S&P500）」。

S&Pダウ・ジョーンズ・インデックス社が選出したアメリカを代表する約500社の株価から算出される指数です。オルカンに匹敵するほど人気があります。

両者の人気が高いのは、リターン率が高かったからです。

オルカンの場合、**2024年7月末時点で、直近1年のリターン率（年率）は25・1%。直近3年のリターン率（年率）は17・36%**となっていました。

最近でいえば、S&P500はそれ以上の成果を挙げていて、**直近1年なら29・88%、直近3年なら21・18%**でした。

個別株ならもちろんのこと、投資信託でも本来は、自分でしっかりどこに投資するかを選ぶべきです。しかし、オルカンやS&P500については、右へならえ状態で始める人も多かったと考えられます。世間の声だけに流されて自分の判断を放棄してしまうのはいいことだとはいえませんが、オルカンやS&P500に投資をしておけばいいというのは、投資に詳しい人たちが出した結論です（もちろん、反対意見もありますが……）。

自分で考えるだけでなく、学びも大切です。

何かを始めるときには、その分野で成功している人たちの教えを聞いて、知恵を拝借するのもひとつの方法だと思います。

投資信託に積み立てれば、失敗の可能性を減らして手間が省けることになります。オルカンやS&P500にしても基準価格が下落することはありますが、中長期的に見れば、アメリカや新興国を中心に世界経済が伸びていきます。

日本経済のように30年間、成長らしい成長がなかったというのは特殊なケースです。オルカンに限らず、世界に目を向けた投資信託が人気になるのは当然です。

オルカンを運営しているのは日本の資産運用会社ですが、このような投資信託を利用するケースも含めて海外の企業に投資した場合には**為替リスクを分散**できることも利点に挙げられます。

円安が進んだ際を考えたリスクヘッジにもなります。

積み立てたお金はどこまで増える?

リターン率が高ければ、複利効果によって、投資したお金は大きくなっていきます。仮にリターン率（年率）が20％で続いたとして、毎月3万円ずつ投資していく場合を計算してみます。

1年では36万円積み立てたことになり、この36万円が約39万5000円になります。ゼロスタートなので複利の恩恵はそれほど大きくありませんが、長期で見ていけばどうでしょうか。

10年であれば、積み立てた360万円が約1130万円になります。

20年なら積み立てた720万円が約9300万円になります。

複利効果はこれだけ大きいわけです。

リターン率を10％にして計算してみます。

10年なら360万円の積み立てが約615万円に、20年なら720万円の積み立てが約2280万円になります。

株価が下がっても慌てないのが基本!

当り前のことながら、こうしたリターン率が続いていくことは約束されているわけではありません。

実際のところ、2024年8月には日本の株式市場で大暴落が起き、アメリカ株式市場でも株価は下落しました。その結果、オルカンなどの基準価格も下がりました。積み立てを始めたタイミングによっては評価損益がマイナスに転じた人もいたはずです。

しかし、こうした状況になっても慌てるべきではないのが長期投資です。

日本の株式市場の暴落は、短絡的な売り心理がはたらいたことが要因として大きく、その頃の株価は異常値といえるものになっていました。その後は時間をおかずに正常値に戻る動きになっていきました。

この原稿を書いている段階では、オルカンがこれまでどおりのリターン率を期待できるところまでは回復していませんが、慌てるような状況ではなくなっています。

投資キャリアが長い人なら「株価は下がることもあれば、上がることもある」、「最初から20年続けるつもりなので一喜一憂しない」と冷静でいられます。短期的には下落することがあっても、**中長期で見れば、上昇する可能性のほうが高い**という見方ができるからです。

こうした点においても、熟練した人たちの意見は参考になります。

ＳＢＩ証券にＮＩＳＡ口座をつくって住信《すみしん》ＳＢＩネット銀行ＮＥＯＢＡＮＫとつなぐ、楽天証券にＮＩＳＡ口座をつくって楽天銀行とつなぐというようなかたちをとれば入出金の手間も省けます。

「企業型ＤＣ」とは何か

会社員であれば、ＮＩＳＡとともに利用したいのが「企業型ＤＣ（企業型確定拠出年金）」です。

すべての企業が導入しているわけではありませんが、導入する企業が増えている制度です。

この制度では、**企業が毎月の積立金を拠出して、従業員（加入者）がそのお金を年金形成のために運用**していきます。

企業が社員に給与を支払えば、税金や社会保険料が天引きされますが、企業が負担する企業型ＤＣのための積立金には税金や社会保険料がかかりません。また、運用していくなかで利益が出た場合も、ＮＩＳＡと同じように非課税となります。

企業によっては、企業型ＤＣのために拠出する金額を〝企業型ＤＣの掛け金にするか、企業型ＤＣを使わず給与に上乗せして受け取るか〟を社員ごとに選ばせる**「選択制企業型ＤＣ」**を導入している場合もあります。

もともと給与ではないお金です。ぼくなら迷わず全額を企業型ＤＣの掛け金にすることを選びます。

給与のかたちで受け取り、その分をそのままＮＩＳＡで運用する人もいるかもしれません。

年金形成か資産運用か、どちらにあてるかの違いです。性格としては同じです。重要なのはそのお金を不労所得のように考えて簡単に使ってしまわないことです。

「ほったらかし」にしてしまうのは大間違い！

企業型ＤＣでは、企業が特定の金融機関に口座をつくり、毎月、入金していくので、従業員（加入者）はその金融機関が扱っている金融商品のなかから選んで運用していくことになります。

そのなかには投資信託も含まれています。

ほったらかしにしてしまう人もいるようですが、ＮＩＳＡと同じようにリターン率が高そうな投資信託を選んで積立投資をしていけば将来に備えた資産運用になります。

会社が企業型ＤＣを導入しているにもかかわらず、何もしないで放置していれば、貯金と変わらない。面倒でも制度について少し調べて利用しましょう。

企業型ＤＣでつくった資産を最終的に受け取る際には**「一括払い」か「年金払い」かを選択**することになります。

一括払いで受け取る場合は退職金扱いとなり**退職所得控除が適用**され、年金払いを選んだ場合は**公的年金控除が適用**されます。

また、60歳未満で退職する場合には、その段階での資産を他の年金制度に移すことになります。

転職するなら新しい会社の企業型ＤＣに原資を移すこともできます。

手続き期限の6か月を過ぎると、国民年金基金連合会へ自動移換されることになるので注意が必要です。

個人事業主の味方、「iDeCo《イデコ》」

企業型確定拠出年金＝企業型DCに対して個人型確定拠出年金となるのがiDeCoです。この制度を利用したいのは主に個人事業主や自営業者です。

システムは企業型DCとおよそ同じですが、積立金を拠出してくれる企業はないので、掛け金は自分で負担します。

加入できるのは65歳未満の個人で、年金を引き出せるのは原則60歳以上になります。

非課税枠を増やして年金形成ができるので、NISAと併用するのもいい。

iDeCoの掛け金は、個人事業主や自営業者なら月額の上限が6万8000円です。また、企業型DCに加入している会社員なら企業型DCとiDeCoを併用することもできます。

NISA、企業型DC、iDeCoの3つすべてを利用して、非課税の恩恵を受けてください。

いま、世界に押し寄せているのはインフレの波です。

利子が0・10％の銀行預金に頼るのではなく、自分で資産を運用していく発想をもっておくべきです。

そして投資をするならできるだけ早く始めるのがいいでしょう。

第4章

アラサー世代が将来必要なお金

気になる現実

アラサー世代の家計簿

年齢を重ねると使うお金も増えていく

20代、30代とひとり暮らしを続けていた場合、生活パターンや生活にかかる費用などが変わっていくのは当然だと思います。

若い頃はファストフードやインスタント食品で済ませることが多かった人でも、いつまでもそういう食生活は続けていられません。

物価上昇と生活水準の変化で、食費は少しずつ上がっているはずです。

先輩と食事に行けばおごってもらえても、後輩と食事に行けば、おごらなければならない。先輩は増えないけれど、後輩はどんどん増えていく。使うお金、必要になるお金も増える傾向にあります。

人の結婚式に出席する機会も20代前半、後半、30代と増えていくかもしれません。毎月のように祝儀を包むこともあるでしょう。

祝儀の相場は3万円といわれていますが、相手との関係性を考えて決める必要があります。

ぼくは、長年の友人やお世話になった先輩の場合、5万円を包んでいます。東大合格をブルゴーニュのグランクリュで祝ってくれた高校の同級生が結婚したら、10万円を包むつもりです。彼は、ぼくが初めて書籍を出したとき、10冊買って近所の人々に配ってくれました。なかなか恩を返す機会がないので、結婚を心待ちにしています。

ぼくは一度だけ祝儀に2万円しか包まなかったことがあります。芸人になって間もない頃で、生活に余裕がなく、非常に申し訳ない気持ちで福澤諭吉を入れました。ぼくはいまでも、そのときの祝儀を2万円にしたことを後悔しています。もし、どうしても3万円の祝儀を出せないときは、理由をつけて結婚式には出席しない選択もあります。

ここまで本を読んでくれた方は、ぼくに対してお金に細かいという印象をもたれたかもしれません。そのこと自体は事実なので、否定はしません。ただ、どちらかというと、自分より他人に対してお金を使うようにしています。祝儀を2万円にしたことが唯一の汚点で、祝いごとなどにはお金を惜しまないようにしています。

手土産やお祝いの品を購入する際も、現地で適当に買うのではなく、目的や家族構成などを考えて選びます。子供がいれば百貨店でお菓子を買い、大人用に酒を買います。絵本がいいと言われれば本屋に行くし、ワインを求められればグラスやソムリエナイフをつけることもあります。

手土産にするワインの価格は概《おおむ》ね5000円です。そのくらいの価格であれば、間違いなく美味しいと感じてもらえるからです。

結婚式にかかる費用

大きなお金が必要なイベントとして結婚があります。結婚式への出席ではなく、自分の結婚です。

コロナ禍を機にジミ婚も流行ったものの、以前からイメージされていたような結婚式をするなら、それなりにお金はかかります。

最近、小学校の同級生が結婚しました。本人は「招待客60人で500万円かかった」と話していました。60人から3万円ずつ祝儀をもらえたとしても、自己負担金は300万円を超えます。

「ゼクシィ結婚トレンド調査2024」によれば、**結婚式（挙式・披露宴）にかかる費用の全国平均は343万9000円、平均招待客数は52・0人**となっていました。やはり招待客一人につき3万円の祝儀を出してもらったとしても、200万円近い自己負担が必要になります。

婚約指輪や結婚指輪、新婚旅行、新居への引っ越しなどを考えたなら、さらに100万円から200万円の費用が上積みされ、300~500万円程度のお金が必要です。

国立社会保障・人口問題研究所の「出生動向基本調査」によれば、**初婚の平均年齢は、夫が30・7歳、妻が29・1歳**となっていました（2021年調査）。

結婚式はしない、費用は両家で分担する、などといった考え方もあるとはいえ、友人などを招待する結婚式を挙げて、費用は、新婚夫婦のどちらか一人が負担するとすればどうでしょうか。

新社会人となる23歳（浪人、留年をしていない場合）から30歳になるまでの7年間に３００万円から５００万円を貯金しておかなければいけません。

３００万円だとしても、年間40万円以上貯金する必要があります。早くから貯金を始められていたなら無理な金額ではないでしょう。しかし、本気で結婚を考えるようになるまでいっさい貯金をしておらず、慌てて３００万円や５００万円を貯めるのは難しい。

結婚が目的でなくても「30歳までに５００万円貯める」、あるいは「35歳までに５００万円貯める」といった目標を立てておくのもいいかもしれません。５年で５００万円貯金したいのであれば、年に１００万円、月に8万３０００円です。

「結婚可能年収」、「出産可能年収」

結婚を考える場合、式の費用だけでなく、その後の生活費用についても考えておく必要があります。

「どのくらいの収入になっていれば結婚を考えていいものなのか」と迷う人もいるで

しょう。社会人1年目で結婚する人もいるように、一概に年収がどれだけ以上と括《くく》れるものではありません。

ある意識調査では、**20代の半数以上の人が考える「結婚可能年収」は世帯年収で６００万円**を超えていました。

また、「**出産可能年収**（**育児可能年収**）」**は世帯年収で７００万円**となっていました。

調査によって差が出るものの、20代後半の平均年収はおよそ３６０万円とされています。個人が考える結婚可能年収には届かなくても、共働きを続ける前提であれば、このあたりから結婚を考えやすいのかもしれません。

30歳の平均年収は男性で約４００万円、**女性で約３５０万円**くらいです。どちらも仕事を続けるのであれば、世帯年収は約７５０万円です。子供ができてからも共働きを続ければ、出産と育児は可能だといえそうです。

ただし、東京23区では、**子供がいる家庭の世帯年収は中央値で１０００万円**を超えています。東京で子供を育てるなら、それくらいの収入は欲しい。

子供の教育にはできるだけお金をかけたいなら世帯年収１５００万円は必要でしょう。

知らないと損する

アラサー世代の将来設計

人生のなかで何をいちばん大切にしたいか

結婚を考えるなら、年収を上げながら貯金（資産運用）をしていくことが大切です。その一方で**〝独身のうちだからできることをやる〟**という考え方もあるようです。

ぼくにはなかった発想ながら、「結婚すれば自由にお金が使えなくなるので、欲しいものがあれば早いうちに買っておく」という考え方をする人がいると聞きました。

結婚して子供ができてからクルマを買えば、ワンボックスの軽自動車といった選択になりやすい。いまのうちに好きなスポーツカーを買っておこうなどと考えるようです。

気持ちはわかります。

そういう自由を失いたくないから結婚をためらう人もいるのでしょう。

〝収入を上げる努力をするのか〟〝欲しいモノを買うことをあきらめるのか〟〝結婚を考

えず、一生独身でやっていくのか〟。

なかなか難しい問題です。

「人生のなかで何をいちばん大切にしたいか」という問いに対して自分なりの答えを出す必要があります。

ぼくも結婚願望があります。お金がどうとか時間がどうとか考えていません。単純に女性と出会うことがほとんどなく、機会がないため結婚できません。東大を卒業する頃には、相手が見つかるといいなと思っています。

部屋のレベルはどうしていくか

住宅費にどれだけあてるかということも、年齢に応じて考え方が変わります。

ぼくの場合は引っ越すごとに家賃が上がるようにしています。

通勤、通学の利便性を重視して、場所を最優先にしています。初めて東京に出てきたときは代官山の2畳のマンション。そこから考えれば随分広くなりましたが、家具や書籍などは年々増えているため、少し窮屈です。

最近では、もうひと部屋欲しいと思っています。ただ、年収が微増なので、場所や家賃とどう折り合いをつけるか考えなければいけません。

部屋に何を求めるかは人それぞれです。

「寝られたらそれでいい」「ゆとりのある生活にしたい」「ユニットバスは嫌だ」「駅から遠くても広いほうがいい」など希望があるでしょう。予算に制限があるなら、何かを得るために、何かを捨てなければいけません。

いちど上げた部屋のランクは落とせない

生活を続けていれば、少しずつモノは増えていきます。

人によって差があるとはいっても、家具や電化製品、服や書籍など、まったく何も増えていかないとは考えにくい。

そうすると、**引っ越しをする際、次の部屋をそれまでの部屋より狭くするのは難しい。**

家賃もそうです。ランクを落とした部屋に引っ越すことで住宅費を下げるという考え方もあるでしょう。それをすると生活水準を落とした感覚になりやすく、精神的なダメージを受けるかもしれません。

家賃を抑えて部屋のランクを落とさないようにするために、郊外に住むという選択があります。

都心や駅から遠くて、通勤時間が長くなっても、部屋が広くきれいになれば生活の質は上がるかもしれません。

先にも書いたように家賃は収入の3分の1が適正だといわれます。

収入が35万円になれば約12万円なので、30歳前後で独身であればそんなものかもしれません。ただそれは都心の話で、地方であればもっと家賃は低く設定できるでしょう。

また、収入が40万円、50万円となっていったとき、やはり3分の1で考えるのかどうか……。

収入50万円なら16万6000円です。優雅な独身生活を満喫したいのであれば、そこまで住宅費にかけてもいいのかもしれません。でも、先のことを考えるのであれば、いつまでも3分の1を基準に考える必要はありません。

老後2000万円問題の現実

老後の資金として2000万円必要になるとさかんに報道されていた時期がありまし

た。

２０００万円という金額はともかく、「自分は大丈夫だろうか」という不安を感じている人もいるでしょう。将来の心配をすることは素晴らしい。備えにつながります。しかし、杞憂《きゆう》はよくありません。

そもそもこの２０００万円という金額はどういう計算によるものなのかを理解しておくべきです。

夫65歳以上、妻60歳以上の夫婦のみの無職家庭で、公的年金を中心とする収入だけに頼っていたなら、毎月5万円の不足が生じるため、そうした生活が30年間続けば約2000万円になる、という試算にもとづいています。

年金の額などもモデルケースから計算されたものであり、誰にでも当てはめられる数字ではありません。

この生活が30年続くというのは、夫が95歳、妻が90歳まで生きていた場合のことです。夫が85歳、妻が80歳までの20年であれば、不足額は約１３００万円になるという試算も同時に発表されていました。

それにもかかわらず、２０００万円という金額ばかりが独り歩きしていました。

最近は定年退職後も再就職して働く人が増えているうえ、夫婦が足並み揃えて20年、

老後2000万円問題の計算

	高齢夫婦無職世帯の実収入（月）	209,198円
−	実支出（月）	263,718円
	貯金	54,520円×12か月×30年間

＝**1962万7200**円

雇用延長や再就職で70歳まで働く場合

54,520円×12か月×20年間

＝**1308万4800**円

一般的な会社員の老後資金

	退職金	1000万円	← 退職金制度がある場合
	企業型DC	360万円	← 31歳～60歳の30年間毎月1万円積立した元金
＋		832万円	← それを5%で運用した場合

1832万円　……さらに、運用して増やしながら取り崩せる

企業型DCやNISAで積立をしていれば、実際は不安要素は少ない

※ 金融庁の報告書「高齢社会における資産形成・管理」をもとに作成

30年と生きていくのかはわかりません。

「とりあえず老後の資金」とは考えない

現実はどうでしょうか。

退職金制度がある会社で定年まで勤めあげれば、**1000万円を超える退職金**が支給される場合が多いようです。

それを老後の資金に回せば、「2000万円−1000万円」、あるいは「1300万円−1000万円」があればいい。

「企業型DC」をうまく運用すれば、厚生年金とは別の年金もつくれます。

NISAや企業型DCを利用しながら定年まで勤めれば、不安を感じる必要はありません。

一般的な会社員であれば、いわゆる2000万円問題は気にしなくてよさそうです。

老後の不安を感じる必要があるのは、個人事業主か、転職を重ねるなどして十分な退職金を得られる見込みがないうえにNISAや企業型DC（iDeCo）を利用することもなく、資産運用、年金形成ができていない人たちでしょう。

自分もそちら側に属すると思うのであれば、30歳になるのを契機として、いろいろなことを見直してみるといいかもしれません。

すでに30代に入っていたとしても、遅すぎることはありません。

30代、40代からでも、投資などを利用すれば、2000万円を貯めることはそれほど難しいことではないはずです。

勉強も投資も何歳からでも遅くない。38歳から東大に入ったっていいし、40歳からNISAを始めてもいい。後悔することが最も悪く、足踏みして始めないことがその次に悪い。

お金を増やす

アラサー世代の投資と選択

家やマンションは購入すべきか?

ひとり暮らしを続けているなかで、賃貸生活をやめてマンションなどを購入する人も少なくありません。

ぼくの独身の知り合いでも、マンションを買って住んでいる人はいます。マンション購入後に結婚した男性もいれば、独身でマンションを購入してひとりで住んでいる30代の女性もいます（その女性が結婚についてどう考えているのかはわかりません）。

10万円の家賃の部屋に1年住めば、支払いは１２０万円です。

引っ越しや更新料などについて考えなかったとしても、10年で１２００万円、30年で３６００万円となります。

50年なら６０００万円です。

それだけ家賃を払い続けていても、その部屋は自分のものにはなりません。そして老後も家賃を払い続けなければならない。

購入してしまったほうがいいと考えるのは自然なことです。

ひとり暮らしの段階で1Kのマンションを購入する人もいますが、1LDK以上のマンションを選択する人が多数派のようです。

1Kであれば、結婚などを決めた段階で売却するか、自分はそこを出て、その部屋を賃貸物件にする選択もあるでしょう。

1LDKであれば、独身時代は贅沢に暮らして、結婚してもまずはそこに住む。子供ができて手狭になってきたなら売却する、といった考え方ができます。

2024年現在でいえば、首都圏の中古マンションの価格は上がり続ける傾向にあります。今後もずっとマンション価格が上昇するかはわからないけれど、状況によっては賃貸物件にするなど、**不動産投資を兼ねる**という考え方もできます。

結婚や出産で売却することになったとしても、トータルで考えてマイナスにならないケースが多いと思います。

マンションを購入したあとの支払いは、ローンだけではありません。管理費、修繕積立金などが必要な場合が多く、定期的に大規模な修繕工事が行われるケースもあります。

そのあたりのことまでを考えたうえで、賃貸か購入か、どちらがいいかを決めるのがいいのではないでしょうか。

住宅ローンをいかに考えるか

異動が多い会社に勤めているので購入がためらわれるなど、人それぞれに事情があると思いますが、個人的には購入推奨派です。

ぼく自身、不動産を買いたい。ただ個人事業主なので、住宅ローンが組みにくい。絶対に審査が通らないわけではなくても、かなり通りにくい。

比較的審査が通りやすいといわれるノンバンクで住宅ローンを組めば、金利が高くなってしまいます。

ぼく自身、住宅ローンのことを考える機会はあまりないわけですが、その道のプロたちは、次のような注意点を挙げています。

・**「固定金利」にするか「変動金利」にするかよく検討すること**
・**子供ができたあとのことなども想定して、返済に無理はないかをよく考えること**
・**住宅ローン控除を受けること**

金利について、基本部分だけを念のため解説しておきます。

固定金利は完済まで金利が変わらず、変動金利は銀行の短期プライムレートによって金利が変動します。

一般的に変動金利のほうが固定金利よりも金利が低く設定されますが、市場金利が上昇すれば、返済総額が増えてしまうリスクがあります。これまではそのリスクをあまり考えなくてもいいような状況が続いていました。そのため現在は**住宅ローンを組む7割くらいの人が変動金利を選択**しているそうです。

ただ、これからはそれもわからなくなります。2024年の10月1日からは3メガバンクなどの大手銀行の変動金利が従来から0・15%引き上げられました。**この引き上げは17年ぶりのことでした。**

金利が上がっても5年間は返済月額が変わらない5年ルールが適用されていたとして

も、完済できる日が後ろ倒しになってしまいます。

これからまだ変動金利は上がるという見方がされているので、そうした部分での予測と見極めが大切です。**頭のいい人たちがどういう見解であるか**を調べてみて、参考にするといいかもしれません。

「転身」は積極的に考えるべきか否か

ぼくの場合、公務員から芸人になりましたが（そのうえ、2度目の大学生にもなりました）、人に対して積極的に転身を勧めるようなことはしていません。

人それぞれ事情は異なり、転身を考える理由も違うはずだし、おそらくそのまま続けるほうが期待値が高い。ただ、目の前に迷っている人がいて、直接相談されて事情を把握したら転身を勧めることもあるかもしれません。

ひと口に転身といっても、ぼくのように公務員（会社員）からまったく別の世界に飛び込んで個人事業主になるのか。

会社員であることは変えずに、別の業界に移るのか。

業界は変えずに、会社員をやめて独立するのか……。

などと、さまざまなケースが考えられます。それぞれの可能性とリスクの双方を考えたうえで、自分で最終決断をするしかありません。

人から見れば、ぼくは安定を放棄したことになると思います。

芸人として通用するのかどうか、どの程度の収入になるかがまったくわからなかったので、リスクが大きかったのは間違いありません。

それでも結果的にいえば、この選択をしてよかったと思っています。だからこそ、可能性に賭けようとしている人たちを止めることは考えません。

ある意味、〝**人生の投資**〟です。

公務員時代のぼくは結婚願望も強く、毎週末のように合コンをしていました。モテなかったこともあり、結婚が現実味を帯びることはなかったものの、もしこの時期に結婚していたなら、そのまま公務員を続けて実家で暮らしていたのではないかと思います。

定年まで、実家がある神奈川から都心まで日々、電車で通い、睡眠時間を削りながら働き続ける……。仕事そのものは嫌いではなかったとはいえ、そうなっていた可能性を考えると恐ろしくなります。

自分がそうだからこそ、いまの仕事以外にやりたいことがあるなら、やってみることを勧めます。

ただ、そうした選択をした場合、収入が下がることがあるのはもちろん、ゼロになることもあり得るのは覚悟しておく必要があります。

転身によって、価値観が変わることもあります。

ぼくは芸人になってから、勉強することが楽しくなりました。

それまでは勉強とは縁がない人生だったのに、さまざまなことを勉強したくなり、そのための時間を取れるようになりました。

芸人になって最初に勉強したのが税金でした。税金に関する漫才をしていて、もっと勉強する必要性を感じ、勉強を始めたところ、興味がふくらみ、お金全般のことを学ぶようになりました。

そのことが東大受験にもつながっています。

芸人になってから、人としての成長を考えられるようにもなりました。そのための機会も増えているように感じます。

独立する際にはどのくらいの貯えが必要か

個人事業主になる場合、何をやるかによって準備すべきことは違ってきます。店を始めるならかなりの資金が必要になりますが、パソコン一台あれば始められるような仕事もあります。

いっさいの貯金もなく会社を辞める人はあまりいないはずです。生活防衛資金として、最低限、収入3か月分くらいの貯金はあったほうがいい。

新しい何かを始めたとき、すぐに収入につながる依頼を受けられるかはわからず、仕事をしてもその月のうちに支払いがあるとは限らない。

とくにフリーランスは弱い立場にあり、注文どおりの仕事をしているにもかかわらず、なかなか納品が認められなかったり、代金を払ってもらえなかったりするケースがあります。

仕事の収入がいつになるかはわからない？

弱い立場のフリーランスを守ってくれるのが**「下請法（下請代金支払遅延等防止法）」**です。下請法では以下のようなことが〝禁止行為〟として定められています。

・下請事業者に責任がないにもかかわらず、発注した物品などを受け取らない
・下請事業者に責任がないにもかかわらず、発注時に定めた下請代金を減額する
・仕事を依頼する側が下請代金の額を決定するときに、発注した内容に対して通常支払われるべき対価より著しく低い額を不当に定める（買い叩《たた》き）
・下請代金を発注した物品などを受け取ってから60日以内の定められた支払期日までに支払わない
・下請事業者に責任がないにもかかわらず、注文の取り消しや発注内容の変更などを行ったり、受け取り後にやり直しを行わせたりする

ぼくも1度だけ取引先に対して下請法を持ち出したことがあります。

依頼どおりの作業をした製作物を納品しようとしたにもかかわらず、繰り返し修正依頼が出されて、なかなか納品が認められなかったからです。

修正にかかる手間があるにもかかわらず、報酬が増額される様子もなかった。それどころか、最終的には納品した製作物をボツにすると言われてしまいました。

やむを得ず下請法を持ち出しました。

そのときは納品が認められ、代金も支払われることになりました。しかし相手は、驚くほどの怒りをあらわにしました。その後もその人と仕事をしていけるとは思えなかったので、こちらから契約を解除しました。

支払いの60日以内というルールが常に守られるわけではありません。下請法を知らない人がほとんどだし、法律を遵守する意識はまだまだ低い。日常生活でも仕事でも法律を持ち出せば、白い目で見られる可能性があります。

60日以内に報酬を支払うという慣習がそもそもない業界もあります。

納品後から数えるのではなく、その仕事が商品として世に出たときから考えて、その時点から見た翌月払いになるようなケースもあります（出版業界に多いですね笑）。

すでに納品を終えているにもかかわらず、「社内規定があるので来月末に請求書を送ってください。その翌々月の支払いになります」と言われたこともあります。

そんなとき、下請法を持ち出せば、相手は支払いを拒めなくなりますが、多くのフリーランスはそれをしません。どうしてかといえば、相手のやり方に合わせるのが当たり前になっているからです。

下請法を持ちだせば、その取引先との関係がぎくしゃくして、仕事を続けていける可能性が低くなる。

実際にそうなった経験はなくてもそう感じているフリーランスは多いはずです。強制的に契約を打ち切られはしなくても、少なからず気まずさが残ります。

そういう状況を避けるために相手の慣習に従ってしまうことが多い。

ひとり暮らしのスタイルは千差万別

ひとり暮らしのメリット、デメリット、注意点などについて書いてきました。ひとり暮らしをどのようなものにしていくかはその人の考え方次第です。

ぼく自身、いつか結婚して子供を育てたい気持ちはありますが、一生、独身を通すつもりでいる人が増えているのはわかります。ひとり暮らしの自由な時間を捨てがたいのであれば、そういう生き方を選択すればいい。

一方で、ひとり暮らしを続けることで、経済的に行きづまってしまう人もいることでしょう。

いかに収入を増やすか、いかにムダを削るかを考えることになります。その際、実家に戻ることなども現実的な選択肢のひとつになります。少し変化球的なところでいえば、シェアハウスで生活を始める方法もあります。

ぼくは、他人と生活するのが嫌いではないので、シェアハウスも検討しています。

ぼくはいま、東大の駒場キャンパス近くに住んでいますが、3年になるとキャンパスが変わるので（前期課程は駒場キャンパス、後期課程は本郷キャンパスに通う）、長時間の通学が必要です。そこで、引っ越しを検討しています。

しかし、いま住んでいる部屋を気に入っているため、迷っています。

そこでいまのマンションはそのまま借り、本郷キャンパス近くのシェアハウスに入ろうとしています。

本郷キャンパス付近には家賃3万円程度のシェアハウスが複数あります。ぼくは荷物が置けて、シャワーが浴びられて、週に2回くらい泊まれればいいので、多少環境が悪くとも耐えられそうです。

東大生とひとつ屋根の下で過ごすのも良い刺激になるし、新たな友人ができるかもしれません。

長くひとり暮らしを続けていれば、選択の自由度は増していきます。どこでどういう生き方を選ぶかは自分次第です。

今回の本では、さまざまな方向からひとり暮らしのあり方と経済についてを考察してきました。

〝どうすれば家計のやりくりを改善できるか？　どうすれば損をしないで済むか？　どうすればお金を貯められるのか、増やせるのか？　これからどうしていくべきか？〟

期間が限定されたひとり暮らしでも、永遠のひとり暮らしでも、どうせだったら素敵な日々を送っていけるようにしたい。

その一助になることを願っています。

第5章

「悩み」は自分の幸せを見直すチャンス

大学生からの質問

Q

卒業旅行の資金を貯められずにいます。これから就活も始まりますが、卒業旅行までに貯金をするにはどうすればいいでしょうか？

A

「収入がなければ貯金はできない。節約を考えるよりまず働くこと（アルバイトをすること）」。

親に頼むつもりがないなら、基本的にはアルバイトを増やすしか方法はありません。就活が本格化するのは3年生の春からです。2年生のうちに貯めておけたならベストですが、すでに3年生になっていたとしても慌てる必要はありません。夜のシフトに入ればいい。塾講師、家庭教師などでも可能なはずです。

それに卒業旅行に行くのは就職前の2月や3月です。内定をもらってからバイトを頑張っても間に合わないことはありません。

Q

家計簿アプリが続けられません。コンビニでの細々した買い物などを記録するのが面倒になってしまうんです。また、旅行の際には出費を気にしたくないので、記録すること自体がおっくうになってしまいます。どうすればいいでしょうか？

A

ぼくもそうしているように、細かく記録しないで、ざっくりと記録すること。何を買ったかまでは書かず、「コンビニで500円」だけでいい。

旅行については旅先で記録しておく必要はありません。レシートなどを取っておいて、あとで記録する方法もあります。さらに簡単なやり方もあります。旅行前に財布にいくら入っていたかを覚えておいて、旅行後の財布の中身との差額で考える。クレジットカードやPayPayで精算している分については記録が残ります。それをまとめて「旅行　3万2000円」とだけ入力しましょう。

Q 倉田さんは、利用しているサブスクやスマホ課金などはありますか？　また、チョコザップはいいと思いますか？

A サブスクはAmazonプライムとNetflix、スマホで課金しているのは食べログプレミアムくらいです。

Amazonプライムはほとんどの商品の配送料が無料になるので、それだけで元が取れます。

食べログの場合は課金により「ランキング検索」ができるようになることが大きい。外食したときに失敗したくありません。外食するなら確実に美味しいものを食べたい気持ちがぼくのなかでは強いんです。

旅先などでも、美味しい店を探そうとする場合、食べログで検索するのがいちばん手っ取り早いし、確度の高い情報が得られます。

チョコザップを、ぼくは使っていないので、詳しくはわかりません。ただ、周りの東大生でも何人かは利用しているようです。

家の近所に店舗があるなど、利用を続けられると思うなら、いいのではないでしょうか。料金が低めの設定ですからね。

どんなサービスでも同じで、絶対に避けたいのは〝会費を払っていながら利用していない〟こと。

チョコザップに限らず、ジムに行くのはいいことだと思います。「運動はしないよりしたほうがいい」、「脂肪で太っているより筋肉質のほうが健康にいい」からです。

自治体が運営するジムを利用するのもいいと思います。

社会人からの質問

Q

どれくらいの手取りがあれば、都内で苦しくないひとり暮らしができますか？

A

住宅手当が出るのかどうか、食費にどれくらいかけるのか、物価はどうか……といったことで必要額は違ってきます。

少し前までは500円くらいでラーメンが食べられたのに、最近は800円、1000円するのが当たり前になってきました。それだけで毎月の食費はずいぶん変わってきます。

個人的な感覚でいえば、住居費を含めて考えるなら手取りで20万円くらい（額面月収で25万円くらい）なければ、それなりに厳しい生活になるのではないかと思います。

ぼくの周りの学生からは「家賃を別に考えても、月10万ではきつい」という声をよく耳にします。

要するに〝家賃＋10万円＋α〟が欲しいということです。優良企業でなければ、初任給で額面25万円は難しいかもしれません。初任給だけを気にするのではなく、住宅手当はどうなのか注意しておくといいでしょう。

すでに就職していてこの手取り額に届いていないなら、副業を考えてみるのもいいかもしれません。

Q ボーナスについてはどのように考えればいいのでしょうか。臨時収入的な感覚でいいのでしょうか？

A それではハウスマネー効果がそのまま出てしまいます。ボーナスが出たからといって何かを買わなければならないわけではありません。

どうしても欲しいモノがあり、ボーナスが出るのを待っていたというならそれを買うのもいいでしょう。自分にとって大切なことだと考えるなら旅行資金などに回すのもいいと思います。全額貯金してもいいのではないでしょうか。

2度のボーナス額を12で割って月々の生活費にあてる考え方もあります。

しかし、ボーナスの額はあらかじめ決まっているわけではありません。最低保証額が設定されている場合が多いけれど、業績悪化によるボーナスカットなどもあり得ます。まだ手にしていないお金をアテにするのは危険です。

Q

サラリーマンに有効な節税はありますか？

A

節税というものは基本的にありません。

控除が受けられる支出があったときにしっかり申告することが大切です。しかし、そうした行為は正規の手続きであって節税にはあたりません。ふるさと納税にしても、節税ではなく〝返礼品をもらえる寄付〟だと考えましょう。

ＮＩＳＡ制度を使って投資で得た利益は非課税になり、企業型ＤＣやｉＤｅＣｏには税制優遇があります。これが節税にあたるのかどうか……。その点については解釈の問題になりますが、せっかくの税制優遇制度を利用しない理由はありません。こうしたものから始めてみてはどうでしょうか。

Q **フリーランスになることを考えていますが、収入が不安定になることが心配です。どう思いますか?**

A 安定を求めるのであれば、フリーランスになることは考えないほうがいいかもしれません。よほどの実績がある人でなければ、収入を安定させるのは難しいからです。

フリーランスの良さは会社のルールに縛られず、大抵のことは自分で決められる点です。うまくいっている人に聞けば、「自由な時間が増えた」、といった利点が挙げられますが、難しい面も多いのは確かです。

収入にしても、多い月もあれば、少ない月もあります。収入がない期間がしばらく続くことも珍しくはありません。そのため、想定される年収から〝月の平均値〟を割り出して、その範囲内で生活していくことになります。

それでもいいのかと考えてみてはどうでしょうか。不安定を恐れる人には向いていません。

生活と節約についての質問

Q

がんになった場合のことを考えれば、保険はどうすればいいでしょうか?

A

ぼく自身、いまのところ生命保険に入るつもりはないので、契約内容などについて詳しくは知りません。

第3章でも書いたように「高額療養費制度」などもあるので、過度に不安を感じる必要はないと思います。

ただし、がんの場合は保険診療に先進医療や自由診療を組み合わせるケースもあります。保険のきかない部分の医療費(高額療養費制度でも認められない部分)がかなり高額になる場合も考えられます。その意味では、先進医療や自由診療にかかる治療費までが補償される「がん特約」のある保険を考えてもいいかもしれません。

Q 生活の質を下げずに節約する方法がわかりません。どうすればいいですか？

A

自分のなかで〝どこなら削れて、どこを削りたくないか〟を考えましょう。

ぼくなら、最低限、身なりを整えることなどを優先しますが、「そこは別にいい」という人もいるでしょう。

食費を抑える、という人も多いはずです。

ただ、身なりにしても食にしても、生活に直接関わる部分です。そうした部分に手をつけるより先に趣味の部分などを考えるのもいいかもしれません。

「推し活」などをしているなら、撤退を考える。

「複数のサブスク」に入っているなら、必要なものだけに絞って、残りは解約する。

などを検討してみることです。

Q

交通費やエアコン代などがなかなか節約できません。どうすればいいのでしょうか？

A

交通費は節約が難しい部分です。「運賃が安い乗り換えを選択する」、「タクシーは使わないようにする」といったことくらいしか方法がないからです。

他に勧められるとすれば自転車です。芸人でも「都内ならすべてチャリで移動する」と言っている人たちがいます。「1時間くらいなら歩くようにしている」という人もいますが、自分の時間の価値も忘れないようにしましょう。

みなさんはエアコンの設定温度はどうしていますか？

冷房で25度に設定する人でも、サーキュレーターや扇風機を併用すれば、28度で十分涼しく感じられます。ぼく自身、そのために扇風機を買いました。設定温度を1度変えるだけでも10％レベルの電気代が節約できるそうです。

Q 友達に会うたびに服を揃えているので、お金がかかります。スニーカー代もかなりの出費です。どうすればいいでしょうか？

A 友達に会うたびに服を揃える必要があるんでしょうか。ファッションにお金をかけるのをやめられないとしても、収入の範囲で使う金額を考えるべきです。

ぼく自身は利用したことがありませんが、コーディネートされた服が送られてくるタイプのサブスク（定額レンタル）を利用するのもいいかもしれません。そのサービスで扱われる服が自分の好みに合っていると感じるなら利用価値はあると思います。

「どうすればいいか」と他人に聞く時点で、それがよくないことだと気づいているのではありませんか。

足元は大切です。靴がボロボロだと、印象が悪くなります。高い靴ではなくても、普通の靴をきれいな状態で履くのがいいと思います。

先日、理科三類の友人が大きな穴の空いた靴下をはいているのを見て、目を疑いました。その靴下で人前に出ることをためらわないんですね。

その靴下を見た人が「モノを大切にして素敵ね」と思うことはありません。不合理なので買い替えましょう。

Q

スニーカーをきれいにするためクリーニング屋さんに登録するかどうかを迷っています。年会費が300円なのですが、どう思いますか？

A

スニーカーのクリーニング料金は500円くらいから3000円くらいまでさまざまなようです。どのレベルのクリーニングを依頼するつもりなのかでも異なりますが、年会費300円ならいいのではないでしょうか？　会員登録することでクーポンなどがついてくるなら簡単に元を取れると思います。

ふだんはいっさいクリーニングを利用することがなく、「スニーカーを一度クリーニングに出したいだけ」なので300円を出すべきかと悩んでいるのだとすれば、その気持ちはわかります。たとえ100円や200円でも、できるだけ損失を回避したいというのは当たり前の感覚だからです。

Q

「この年収でこれだけ貯金できました」とアピールしている節約系YouTuberのなかには、見た目がおろそかになっている人もいます。節約とビジュアルは両立できないものなのでしょうか？

A

そんなことはないと思います。そのYouTuberがどんな人なのかはわかりませんが、見た目に気を使わないタイプなのかもしれません。

古着屋を利用するのもひとつの方法です。GUなどで買えるような比較的安くてスタンダードな服を中心にするのもいいのではないでしょうか。

洗濯もちゃんとして、清潔感を大事にしましょう。

Q

しわやたるみを改善させるHIFU《ハイフ》や脱毛などにお金をかけることをどう思いますか？　男性なら変でしょうか？

A

変だとはまったく思いません。男性だから変、女性はこうあるべきという考えは捨てましょう。

料金設定とクリニックの技術にもよりますが、ヒゲ脱毛などは男性にもおススメです。

毎日、ヒゲを剃《そ》っている人なら、時間の節約になります。

Q 不動産屋さんとの交渉が苦手です。何かコツはありますか？

A 不動産の賃貸契約に関しては、交渉するという感覚そのものをもたない人も多いようなので、交渉する意思があることが素晴らしい。

退去時に相手の請求が絶対だと思っていては、〝戻ってきていいお金（敷金）が戻ってこない〟、〝払わなくていいお金（原状回復費など）を払う〟ことにもなりやすい。最低限、請求の明細を見せてもらう姿勢は必要です。

入居時にどこまで交渉するかは人それぞれでしょう。家賃は下げてもらいにくいけれど礼金や仲介手数料などは下げてもらえることがあります。ぼくも仲介手数料を下げてもらったことがあります。

何軒もの不動産屋を回って、それぞれ複数の物件の内見まで求めておきながら、なかなか決めない人もいれば、早い段階で契約の意思を示す人もいます。簡単に決めずに比較検討することは大切ですが、不動産屋からすれば、早く決めてほしいと考えるのは当然です。手間がかからない客の方が、値引きはうまくいきます。

Q

東京ではミネラルウォーターを買う人をよく見ます。必要があるのでしょうか？　個人的には水筒に白湯《さゆ》を入れて飲んでます。

A

東京都水道局では「浄水器は必要なのでしょうか」という質問に対して、ウェブサイトで次のように回答していました。

「水道水は、水道法に基づく水質基準に適合しておりますので、安心してそのままお飲みいただけます。しかし、消毒のために注入している塩素のにおいが気になる方もいらっしゃると思います。（浄水器を）使用される場合は、浄水器の特性をよく知ることが必要です」

東京の水は美味しいということで『東京水』というペットボトルも販売されたくらいなので、水質にはそれだけ自信があるのでしょう。

白湯も水道水で十分です。

東大にはウォーターサーバーが設置されているので、水筒に汲《く》んで利用している学生も少なくありません。ぼくの最初の学生時代には学校にウォーターサーバーは設置されていなかったので、自販機の飲み物を買っていました。

Q

薬局で湿布を買ったあと、病院へ通い出すと、処方された湿布が薬局で買っていたのと同じモノで、4分の1くらいの料金でした。「早く病院に行っておけばよかった」と後悔しましたが、こういう失敗をどう思いますか？

A

1回目ならいいんじゃないでしょうか。勉強代として、安い。

風邪をひいたときなどでも、薬局で市販の風邪薬を買うより、保険で病院に行ったほうが安く済み、早く治ることがあります。

Q

映画館ではアンケートに答えて割引クーポンをゲットするようにしています。どう思いますか？

A

そういうアンケートがあることは知らなかったのですが、特定の映画館で行われているようですね。時間を要するアンケートではなく、クーポンの使用期間が限られていないのならいいのではないでしょうか。

クーポンの使用期間が限られている場合、ポイ活と同じで、「せっかくだから利用しなきゃ」という意識で、観《み》たくもない映画を観ることにもなりかねません。

映画館ごとに「毎月何日、毎週何曜日は鑑賞料金が安くなる」といった設定もあるので、観たい映画があれば利用するのもいいと思います。

Q

ひとり暮らしでペットを飼うことをどう思いますか？

A

かわいいペットを飼いたい気持ちはぼくにもあります。ただ、それなりにお金は必要になるし、命に対する責任をしっかりと理解しておく必要があります。

賃貸物件であれば、「ペット可物件」を探す必要があり、敷金や家賃が高めに設定される場合が多くなります。

ペットが壁や床などに傷をつければ退去時に修繕費を払う必要も出てくるので、敷金だけではカバーできないケースも増えてしまいます。

また、ひとり暮らしの場合、仕事などに出かける際にはペットを部屋に残していくことになります。

「どれだけ家を空けるのか」を考える必要もあるのではないでしょうか。

貯金や投資についての質問

Q

貯金の目標金額を決められません。そのためか、貯金が続かない……。どうすればいいですか？

A

漠然と貯金しようとしていると、そうなりやすいと思います。

「家を買う」などの目的があれば、貯金目標額を定めやすいものですが、そうでなければ、なかなか目標額は決められません。

毎月、「固定額」を貯金しなければ、貯金は増えていきません。「結婚資金にする」、「家を買う」、「老後に備える」といったことから目標額を決め、毎月の貯金額を割り出すのがいいかと思います。

もし目標額が出せなくとも、固定額は決めておくべきです。

Q

高額の支出に対する計画が立てられないんですが、どうすればいいですか？

A

いますぐ買わなければいけないものでないなら、「いつ買うか」を決めて、「月（週）あたりの支出をどれだけ抑えれば、そのときまでに必要な額を貯められるか」を計算します。

仕事で使うパソコンが壊れた、車が故障した……など、思わぬ出費はどうしても出てきます。それに備えるにはやはり貯金しておくしかありません。

Q

「ONE PIECEカード」が資産になるという噂《うわさ》があります。持っておけば価値が上がりそうなモノはありますか？

A

「ポケモンカード」などでもプレミアがつくことはありますよね。2024年9月にはレアなポケモンカードがニューヨークの競売で36万ドル（約5160万円）で落札されたというニュースがありました。でも、そのカードはもともと39枚しか流通していなかったそうです。持っていれば資産になるといっても、〝そのレベルのカードをいかに入手するのか〟という問題があります。

ぼくたちが子供の頃に遊んでいたオモチャなどでも驚くような値がつくことがあります。そういう場合には「開封していないか」、「状態はどうか」が問われます。

多額のお金を得るのは簡単ではありません。

カードにしてもオモチャにしても、事前に価格が上がるかどうかはわかりません。くだらないことは考えず、堅実に労働に励みましょう。

いずれにしても、投機目的で高価な買い物をして、値上がりを待つのは勧められません。

Q

投資のリスクを減らすにはどうすればいいか、どの金融商品に投資すればいいかがわかりません。どうすればいいのでしょうか?

A

リスクをゼロにすることはできません。しかし、減らすことはできます。そのためには、まず勉強することです。

投資入門のような本を買う人も多いのかもしれませんが、証券会社のウェブサイトなどを見ても基本的なことはわかります。

東京証券取引所などを含めた日本取引所グループのウェブサイトにもさまざまな情報が出ているし、日経新聞などを読むのもいいと思います。

書籍ではガイドブックというよりバイブル的なものとして『ウォール街のランダム・ウォーカー』はおススメです。51年前に初版が出された本なのに、いま読んでもおもしろい。インデックスファンドへの投資がいかに合理的であるかが説かれています。

ＹｏｕＴｕｂｅを見れば勉強になるという人もいますが、そこで得られる情報は、あくまで個人の意見です。

頭のいい人の意見から学ぶことは大切ですが、鵜呑《うの》みにしていいわけではありません。とくにＳＮＳやテレビで情報を得る際にはその点によく注意をする必要があります。

情報を集め、学びながらも、最終的な選択や判断をするのはあくまで自分です。

あとがき

これは自分にとって初めてのひとり暮らしの人たちに向けた本です。ぼくは10年以上、東京でひとり暮らしをしています。ひとり暮らしであっても、家族と暮らしていても、基本的に考えることは同じです。

ただ、初めて実家を出るときは、賃料や生活費の相場を知っておいたほうがいい。そういう常識の欠如によって他人への感謝を感じなくなることがあります。

数年前、関西の大学を卒業して就職し、東京に引っ越してきた女性と食事にでかけました。彼女は不動産会社に勤める22歳で、五反田の借上社宅に住んでいました。

家賃は5万円、駅徒歩5分、新築。彼女はこう言っていました。

「家賃が高すぎる。大阪の友達は、みんなもっと安いところに住んでるのに。借上社宅でこんなに払わせるなんてひどい会社だと思わない？」

東京の家賃相場を考えると、彼女の勤める企業は十分な金額を負担していると思います。そのうえ、敷金、礼金、仲介手数料もありません。そのことを彼女に伝えると、不思議そうな顔でこう言っていました。

「敷金、礼金、仲介手数料って何？」

彼女は不動産会社に勤めています。大学に4年間通い、ひとり暮らしをする友人もいたはずです。彼らとお金の話をする機会がほとんどなかったのかもしれません。

常識がなければ、他人の厚意に気づかないこともあるでしょう。

それでいいと思いますか。

自分の思いやりや努力に気づいてもらいたいと思いませんか。

常識を身につければ、自分の身を守ることもできます。そのためには、勉強が必要です。勉強とは本を読むことだけではありません。

友人や家族、赤の他人と話をするだけでも、多くの学びがあります。学びたいという姿勢があれば、あなたから素晴らしい質問が飛び出し、その会話がより有意義なものになるでしょう。

この本で学んだことを友人に話すだけで、友人にとっては学びになります。その瞬間は役に立たなくとも、いつか「そういえば、あのときこんなこと言ってたな。ちょっと調べてみようかな」と考えるかもしれません。

すぐに結果を求めるのは、よくない考え方です。中長期的に、他の情報と有機的に結びつくことで、素晴らしい知識となることがあるからです。

ここで得た情報が、あなたの持つ知識と連関して、生活を豊かにすることを願っています。

さんきゅう倉田

装幀　西垂水敦・内田裕乃（ｋｒｒａｎ）
本文デザイン＋組版　猪端千尋（Ｉｓｓｈｉｋｉ）
編集協力　内池久貴

さんきゅう倉田（さんきゅう・くらた）

芸人。ファイナンシャルプランナー。1985年神奈川県生まれ。大学卒業後、国税専門官採用試験を受けて東京国税局に入局。中小法人を対象に法人税や消費税、源泉所得税、印紙税の調査を行ったのち、同局退職。吉本興業の養成所NSCに入学し、芸人となる。SNSなどで発信した税やお金の情報が話題となり、執筆や講演等の仕事を増やす。以来フリーランスのような働き方をしながら芸人として活動し、現在は税理士会、法人会、商工会、医師会、保険会社、労働組合、各種学校、中小企業などでの講演に加え、『週刊東洋経済』『東洋経済オンライン』『ダイヤモンド・オンライン』『プレジデントオンライン』『マイナビニュース』『税と経営』などでも税や経済についての記事を執筆。著書に『お金持ち 貧困芸人 両方見たから正解がわかる！ 元国税職員のお笑い芸人がこっそり教える 世界一やさしいお金の貯め方増やし方 たった22の黄金ルール』（東洋経済新報社）、『元国税芸人が教える！ フリーランスで生きていくために絶対知っておきたいお金と税金の話』（あさ出版）などがある。

元国税局職員《もとこくぜいきょくしょくいん》で現役東大生芸人《げんえきとうだいせいげいにん》が頭《あたま》のいい人《ひと》たちから学《まな》んだ
ひとり暮《ぐ》らしのお金大全《かねたいぜん》

2025年01月17日　初版発行

著　者／さんきゅう倉田《くらた》

発行者／山下 直久

発　行／株式会社 KADOKAWA
〒102-8177　東京都千代田区富士見2-13-3
電話 0570-002-301（ナビダイヤル）

印刷所／大日本印刷株式会社

製本所／大日本印刷株式会社

●お問い合わせ
https://www.kadokawa.co.jp/（「お問い合わせ」へお進みください）
※内容によっては、お答えできない場合があります。
※サポートは日本国内のみとさせていただきます。
※ Japanese text only

定価はカバーに表示してあります。

ISBN 978-4-04-114932-4　C0034